LA JUSTICE FRANÇAISE EN PÉRIL

Florian Lubrano

LA JUSTICE FRANÇAISE EN PÉRIL

94 mesures pour sauver notre système judiciaire

Partie 1

Ce livre a été publié sur www.bookelis.com

ISBN : 9791042454401

« La Justice est un plat qui se mange chaud,
sinon elle est indigeste. »

Une Victime

Introduction

Définitions de Justice selon le dictionnaire Larousse :

1. Principe moral qui exige le respect du droit et de l'équité : Faire régner la justice.
2. Qualité morale qui invite à respecter les droits d'autrui : Agir en tout avec justice.

Le système judiciaire français fait face à de nombreuses remises en question. Mis sur le banc des accusés, il est sous le feu des projecteurs, confronté à une critique constante, implacable et très souvent justifiée. Qu'il s'agisse des professionnels, des victimes, des citoyens ou des médias, une voix commune s'élève, celle qui réclame une Justice plus efficiente, transparente, accessible, réparatrice. La nécessité de sa modernisation, en adéquation avec les aspirations actuelles de sécurité de la société, s'accentue quotidiennement.

Première nation ayant vu naître les concepts de liberté, d'égalité, de fraternité, riche de son histoire et de ses valeurs, la France avait toujours cherché à ériger la Justice en une colonne vertébrale de son modèle de société en l'inscrivant au cœur de son contrat social. Incarnant à la fois le respect de l'état de droit, l'égalité devant la loi, la protection des victimes et des libertés, elle matérialisait parfaitement un idéal humain. Pourtant, malgré son héritage révolutionnaire, la France d'aujourd'hui a failli et abandonné l'idée même de Justice.

Depuis les années soixante, une multitude de facteurs ont peu à peu grignoté la confiance en cette colonne. Les symptômes de ce mal-être sont nombreux et divers : victimes délaissées et cocufiées, exclusion du citoyen, privatisation des jugements, justice de l'entre-soi, laxisme, procédures interminables et alambiquées, violation de la loi, prisons bondées, politisation rampante, opacité des démarches judiciaires, justice de clocher, absence de communication, dévalorisation des métiers, contestation systématique des forces de l'ordre, et un culte religieux du silence entourant les sanctions.

Cette méfiance envers la Justice, longtemps dissimulée par certains acteurs, telle une omerta, s'est intensifiée avec le développement des nouvelles technologies et des médias. Ces derniers ont joué un rôle décisif dans la transformation de sa perception. Avec l'avènement des réseaux sociaux, les rouages de la Justice sont enfin exposés au citoyen, qui peut désormais les comparer avec ceux d'autres pays, souvent perçus comme plus avancés ou novateurs, accentuant ainsi le sentiment d'un grand décalage et d'un besoin pressant de réformes. Confrontée à ces nations dotées de systèmes judiciaires plus protecteurs et équitables, rapides et transparents, la France est en retard d'une année-lumière. Encore une fois.

La Justice se doit de reposer sur des piliers fondamentaux, tels que la souveraineté, le contradictoire, la publicité des débats, le respect du droit... Cette liste fluctue selon l'affection de chacun et les époques, mais ces nobles postulats, façonnés par des philosophes et penseurs, sont trop souvent malmenés. Examinons quelques exemples.

Prenez le principe d'indépendance judiciaire, qui stipule que les juges, pour garantir une décision impartiale, doivent opérer de manière « indépendante », à l'abri d'influences extérieures. En théorie, ils sont censés être protégés et se protéger de ce parasitage exogène, mais dans les faits, ce principe est parfois secoué. Des pressions, qu'elles soient syndicales, politiques, médiatiques, discrètes ou manifestes, peuvent peser lourdement sur les jugements, et compromettre l'intégrité nécessaire à une Justice équitable, en suscitant doutes et questionnements légitimes.

Enchaînons avec le principe du contradictoire, qui indique que les parties engagées dans un conflit doivent échanger et avoir la possibilité de présenter leurs arguments et preuves sur un même niveau d'égalité. Même si ce principe est fermement enraciné dans le cadre légal, il se heurte à des difficultés dans sa réalisation. Des délais de procédure inégalitaires, un accès restreint à des preuves et des failles dans la communication des informations constituent des barrières qui peuvent le discréditer. Ces dysfonctionnements génèrent un déséquilibre, jetant ainsi une ombre sur la régularité et la justesse du procès.

Le principe de la publicité des débats exige que les audiences soient ouvertes au public, sauf exceptions licites, pour garantir la transparence du processus judiciaire. L'utilisation excessive des exceptions à cette règle nuit à l'accessibilité nécessaire, et sème des doutes sur la sincérité des procédures menées et des jugements prononcés.

Les principes de célérité et de respect du droit sont fréquemment ébranlés dans la pratique quotidienne. La célérité, impliquant que la Justice soit rendue dans des délais raisonnables, est un idéal largement bafoué, faisant de la lenteur la norme plutôt que l'anormalité. Quant au respect du droit, qui commande une application stricte des lois établies par le législateur, il est souvent mis à mal par une interprétation subjective et sectaire des textes légaux par certains magistrats. Ces déviations, basées sur des convictions personnelles, sapent le fondement même de la Justice.

Cette incurie avérée des principes révèle un gouffre entre la théorie et la pratique. Si la théorie n'est pas confirmée par la pratique, alors elle n'existe pas.
Pour emprunter une métaphore architecturale, la théorie serait comparable à une clé de voûte, tandis que la pratique représenterait les piliers soutenant cette clé. Se concentrer exclusivement sur la clé de voûte tout en négligeant les piliers conduit inévitablement à l'effondrement de l'édifice. De même, focaliser sur les piliers sans prendre en compte la clé de voûte aurait un effet similaire. Dans les deux cas, l'équilibre et la stabilité sont compromis, mettant en péril la structure dans son ensemble.

Le terme « laxisme » est fréquemment associé à la Justice française, représentant la critique la plus acerbe à son égard. Selon le dictionnaire Le Robert, le laxisme se définit par une "tendance excessive à la conciliation, à la tolérance", et est souvent synonyme de "permissivité" et de "laisser-aller".

Pour les citoyens, lorsqu'un délit est commis, une sanction et une réparation doivent être effectives. Cependant, il arrive très souvent que les verdicts soient à l'inverse de ces attentes, au détriment des victimes et de la Société. Des peines réduites, des libérations anticipées, des mesures d'assouplissement, des classements sans suite, ou des rappels à la loi : toutes ces décisions, accumulées, esquissent le portrait d'une Justice ayant perdu sa boussole.

Mais pourquoi la Justice délaisse la veuve et l'orphelin au profit du délinquant dans un laxisme hurlant ? Plusieurs hypothèses émergent pour expliquer cette tendance. Certains y voient l'influence de courants de pensée favorisant une approche plus humaine de la Justice, axée sur la réhabilitation du malfrat plutôt que la répression et la réparation. Cette perspective mène à une victimisation du criminel, le considérant comme un produit malheureux d'une société injuste et cruelle, et le positionne comme la seule victime à protéger dans un procès. La vraie victime n'est au mieux pas reconnue, au pire diabolisée.

D'autres facteurs sont également cités, tels que les contraintes budgétaires, les prisons surpeuplées, ou la complexité croissante des affaires. Il est indéniable que cette combinaison de variables joue un rôle significatif dans la perception et la réalisation de la Justice telle qu'elle est vécue aujourd'hui, et chacun de ces éléments contribue à la détériorer à sa façon.

La conséquence la plus dommageable du laxisme judiciaire, véritable poison « juridicide », est indéniablement l'impunité des délinquants, car elle décapite la confiance du corps social dans l'existence même de la Justice. Et pourtant, cette impunité est bien la fille de la Société, car en protégeant ses agresseurs de son bras armé nommé la Justice, elle alimente l'insécurité et la violence. Ce cercle vicieux, où le laxisme engendre une violation permanente des lois, s'apprête à tuer la Société, la République et finalement la Justice.

On peut se poser la question de la responsabilité de cet état de fait. Une piste importante à explorer est le rôle des hommes politiques, et principalement des députés. En tant que représentants élus du peuple, ils ont la charge non négligeable de porter les aspirations et les revendications de leurs électeurs. Dotés du pouvoir législatif, ils influent sur les branches exécutive et judiciaire, et détiennent en conséquence la capacité de façonner l'évolution de la Justice. C'est dans ce cadre que leur imputabilité n'est plus à démontrer. Les politiques, en guise de gardiens présumés du bien commun, en refusant de protéger la Société et les victimes, ont trahi ces dernières.

Et maintenant, comment avancer ? Face à une Justice mise à terre, fragilisée par des années de dévastation, notre devoir collectif est de la relever et lui redonner sa force. Tel un monument historique malmené par le temps et prêt à s'écrouler, elle nécessite, dans l'urgence, une restauration minutieuse et réfléchie.

La question n'est plus de débattre sur notre désir de vivre en sécurité - car ce souhait est unanime - mais d'examiner notre capacité et volonté réelles à réédifier notre Justice et lui rendre enfin toutes ses attributions. À l'image d'un patient en réanimation, elle requiert des soins intensifs et un engagement sans faille. Sommes-nous capables, collectivement, de redonner vie à une comateuse ? La réponse est résolument affirmative, mais cela exige une mobilisation sans précédent. Il ne s'agit pas uniquement de modifier certains mécanismes et processus existants, mais d'entreprendre un curage profond. Entreprendre avec détermination, repenser nos organisations, oser l'innovation et l'audace tout en préservant les principes fondamentaux, tel est notre crédo.

Cette démarche salvatrice sera semée de pièges, car beaucoup n'ont aucun intérêt à un bouleversement, mais elle est incontournable, et la reconnaissance des droits des victimes sera le fer de lance dans ce défi.

Ce livre vous propose une méthodologie structurée en douze chapitres distincts.

Chaque chapitre examine plusieurs problèmes spécifiques, offrant d'abord un état des lieux de la situation existante, puis en développant des solutions adaptées pour y répondre efficacement.

Chapitre 1

La victime

Comment sommes-nous arrivés à cette situation dans laquelle la victime, actrice principale d'une tragédie, est ignorée et méprisée ? Voilà la question fantôme qui hante les couloirs de nos tribunaux. Dans les méandres du Code pénal français, vous trouverez mille et une définitions des infractions, mais aucune de la victime. Cette absence, loin d'être fortuite, reflète une perception déformée de la Justice, où la victime se voit réduite au dernier rôle dans son propre récit.

Marquées par des politiques défaillantes, nos institutions judiciaires révèlent leur véritable visage : celui de l'abandon institutionnel des victimes. Cette triste et révoltante réalité, aussi brutale qu'incontestable, se manifeste chaque jour davantage dans nos palais de justice, où le saccage de leurs droits devient la norme standardisée. Plus inquiétant encore dans cette volonté d'invisibiliser les victimes, est la rapidité avec laquelle cette tendance s'est amplifiée depuis une décennie, la victime devenant le grain de sable qu'il faut cacher sous le tapis.

Si vous parcourez les salles d'audience, vous croiserez des victimes errantes, tels des spectres translucides, confrontées à une machination judiciaire programmée pour les casser. Maltraitées par des procédures alourdies et des reports d'audience qui s'enchaînent de façon programmatique, transformant chaque affaire en un marathon épuisant, seuls les délinquants savent que le temps est leur meilleur allié.

Cette réalité quotidienne dévoile un système qui, à force de sacraliser les droits de la défense, génère une nouvelle forme de victimisation institutionnelle au profit des délinquants. La banalisation de l'acte criminel est depuis longtemps en marche dans la Justice française qui tend à globaliser les responsabilités pour minimiser la culpabilité individuelle de l'auteur, comme si diluer l'atrocité d'un crime dans un océan d'excuses rendait celle-ci moins réelle. Quelle ironie ! Notre système, dans sa quête effrénée de « Justice », s'acharne à sublimer la situation du délinquant. N'est-ce pas là le comble du paradoxe ? Ces mêmes institutions, censées protéger les citoyens les plus faibles, excellent désormais à magnifier les actes délictueux, transformant parfois les audiences en véritables plaidoyers pour excuser l'inexcusable.

Même après la commission de l'acte, il est aberrant de constater toujours une bienveillance gravement orientée : pour les délinquants, une multitude de programmes de réinsertion, de formation, d'assistance, de prise en charge... ; pour les victimes, le vide sidéral. Les premiers bénéficient d'un suivi et de ressources conséquentes d'une Justice généreuse et compassionnelle, tandis que les secondes doivent se débrouiller seules dans la complexité du processus, sans aucun soutien adéquat et pérenne.

L'heure n'est plus aux demi-mesures ! Notre système judiciaire exige une refonte profonde, une révolution qui, sans sacrifier les droits fondamentaux de la défense, replacera enfin les victimes au centre du processus.

États des lieux et résolutions

1. Définition de la victime

État des lieux

Notre droit pénal ne donne aucune définition claire et précise de la victime.

Comment protéger efficacement une personne dont l'existence juridique est absente ? La notion de victime est le produit d'une jurisprudence sporadique, souvent ignorée et soumise à des interprétations très variables. L'inévitable conséquence directe étant la non-reconnaissance du statut de victime aux principaux acteurs malheureux d'un crime ou délit.

Résolution

Le droit pénal doit inclure une définition expresse et exhaustive de la notion de victime, tout d'abord afin de lui créer une existence légale, et ensuite, pour garantir la reconnaissance de ses droits en tant que victime. De plus, il est primordial que cette définition soit la pierre angulaire du Code pénal, comme la charpente d'un navire nommé Justice. La définition de la victime ne doit plus être une approche floue mais l'unique origine fondatrice d'un nouveau droit pénal.

2. La victime au centre du processus pénal

État des lieux

Le droit pénal français se concentre essentiellement sur la protection des droits du délinquant, et la victime réelle est reléguée au second plan, au point de la sacrifier et de la transformer en une victime du système judiciaire lui-même.

Résolution

Il est crucial que toutes les actions pénales soient réorientées en tenant compte de la victime, afin d'assurer une Justice plus protectrice et équitable. Pour ce faire, il est nécessaire de rédiger un nouveau titre dans le Code pénal, « La victime et ses droits », qui contiendra la définition de la victime, son statut, ses droits, son rôle central dans le procès pénal, sa protection, les obligations de l'État envers elle, les réparations possibles.

3. Une indemnisation juste

État des lieux

L'indemnisation des victimes d'infractions pénales en droit français, malgré l'existence lointaine de la CIVI (Commission d'Indemnisation des Victimes d'Infractions) et du SARVI (Service d'Aide au Recouvrement des Victimes d'Infractions), demeure insuffisante. Face à l'ampleur des préjudices subis, tant sur le plan financier que moral, de nombreuses victimes restent dans une situation précaire, même après le jugement de leur agresseur. Par exemple, actuellement, la CIVI fixe un montant de cinq mille euros pour les victimes de viol, d'agression sexuelle, de proxénétisme… On conviendra que cette somme est indécente et parfaitement ridicule pour une personne dont la vie future est bouleversée à jamais.

Résolution

Certains crimes exigent un dédommagement considérable, et des montants planchers doivent garantir la prise en compte sincère des victimes. La juste réparation de leur douleur, même si celle-ci peut souvent être impossible, est indispensable. Il est essentiel de revoir en profondeur l'indemnisation financière de la victime et de lui apporter de l'aide, au lieu de l'enfoncer davantage. En fixant des montants minimums obligatoires pour chaque type de crime, le soutien serait plus affirmé et ne préjugerait en rien de compensations futures ; par exemple, pour un viol, le minimum de dédommagement serait de cent cinquante mille euros, auxquels viendraient s'ajouter la prise en charge des frais médicaux.

4. Indemnisation immédiate des victimes

État des lieux

Les victimes de crimes reçoivent rarement des avances financières automatiques de l'État, les contraignant à patienter jusqu'à la fin des procédures judiciaires pour espérer une indemnisation, sous réserve, bien sûr, de la solvabilité et de la coopération du délinquant. Quand enfin l'indemnisation est versée, elle prend bien trop souvent la forme d'une aumône.

Résolution

Dès qu'une personne est victime d'une agression ou d'un

acte délictueux, l'État doit prendre en charge immédiatement la totalité des frais de la victime : soins médicaux, hospitalisation, rééducation, suivi psychologique, médicaments, mais également les dégâts matériels. La victime ne doit pas se soucier de l'aspect financier en avançant des fonds, mais se concentrer uniquement sur sa guérison et sa reconstruction. Par la suite, il appartient à l'État de percevoir un remboursement complet de la part de l'agresseur, responsable des dommages causés. Cette résolution envoie un message très clair : la société se préoccupe principalement des victimes, et les criminels devront intégralement assumer les répercussions financières de leurs actes.

5. Droit d'appel en Cour d'Assises

État des lieux

Dans un procès devant une Cour d'Assises, la victime ne dispose pas des mêmes droits qu'un accusé. Un droit fondamental lui est dénié : celui d'interjeter appel. En effet, une fois le jugement prononcé, contrairement à l'accusé et au Parquet, la victime est la seule partie qui ne détient pas le droit de demander la réforme d'un verdict. On peut se poser des questions sur ce constat : pourquoi une victime devrait-elle subir silencieusement un acquittement qu'elle estime scandaleux ? Pourquoi n'aurait-elle pas son mot à dire sur une peine qu'elle trouve insuffisante ? Pourquoi son seul droit reconnu est celui de se taire ? Pourquoi la victime est-elle autant rabaissée par le droit français ?

Résolution

Maintenir une parfaite équité dans notre droit pénal est une obligation : si l'accusé peut faire appel d'une condamnation jugée trop sévère, la victime doit aussi détenir ce droit d'appel. Le droit d'interjeter appel doit appartenir à tous les acteurs d'un procès et ne plus être le privilège de la défense ou du Parquet.

Légiférer dans ce sens restaurerait une symétrie des droits dans notre Justice criminelle, et la victime ne serait plus impuissante face à un verdict qui nie sa souffrance, mais lui offrirait un droit a minima, celui d'exister.

6. Droit d'appel en correctionnel

État des lieux

Lors d'un jugement en correctionnel, la victime ne peut pas faire appel sur le volet pénal de la décision rendue, mais uniquement sur le volet civil (dommages et intérêts). Seuls la personne accusée et le Parquet ont le droit de faire appel sur l'aspect pénal d'une décision correctionnelle.

Résolution

Cette limitation du droit d'appel des victimes doit être supprimée, afin que tous les acteurs d'un procès pénal puissent jouir des mêmes droits, et interjeter appel sur l'ensemble des aspects du jugement correctionnel. Il est incompréhensible qu'un délinquant condamné puisse contester la sentence dans sa totalité, alors que sa victime, qui est une partie entière du procès pénal, se voit refuser ce droit d'appel. Refuser cette possibilité à la victime signifie que la Justice la transforme de fait, en une simple demandeuse d'indemnisation, en une spéculatrice de sa propre mésaventure.

7. Droit de récuser les jurés

État des lieux

Lors de la constitution d’un jury devant une Cour d’Assises, seuls le ministère public et la défense peuvent récuser les jurés. La victime et partie civile sont à ce stade, et tout à fait légalement, réduites à un rôle d’observateurs lointains.

Résolution

En tant que partie à part entière du procès criminel, la victime doit activement participer à la création du jury et avoir la capacité d'influencer sa composition. Son droit de récusation, indispensable pour un procès véritablement équitable, lui confèrerait un pouvoir concret et identique aux autres parties. Cette possibilité renforcerait la reconnaissance de sa place essentielle dans le procès, la faisant passer du statut de spectatrice quasi invisible à celui de victime identifiée ayant des droits légitimes.

8. Information de la victime

État des lieux

Lors du dépôt de plainte, il arrive très souvent que les victimes ne reçoivent aucun renseignement sur leurs droits et les aides disponibles, les laissant seules et démunies face aux démarches à entreprendre pour leur défense et leur rétablissement.

Résolution

La prise en charge d'un plaignant ne peut pas se limiter à

l'enregistrement de sa plainte, et l'accès à l'information est l'une des premières étapes de sa reconnaissance comme victime. Lors de l'enregistrement de la plainte, il est impératif que les services de police et de gendarmerie lui fournissent un dossier complet d'information. Ce dossier, adapté à chaque situation selon la nature de l'infraction, contiendrait tous les renseignements essentiels pour son accompagnement : coordonnées des associations d'aide aux victimes, procédures d'indemnisation, accès au soutien psychologique gratuit, droit à l'aide juridictionnelle... En outre, il est capital que les enquêteurs expliquent ces informations à la victime, souvent fragilisée lors du dépôt de plainte, afin de s'assurer de leur bonne compréhension.

9. Amende de dédommagement

État des lieux

Dans notre système judiciaire, l'amende pénale ne profite qu'à l'État, laissant la victime sans aucune réparation immédiate. Pendant que le Trésor Public encaisse l'argent du délinquant, la victime doit souvent engager une nouvelle procédure, longue et coûteuse, pour espérer obtenir une quelconque indemnisation.

Résolution

Toute amende pénale doit systématiquement être doublée d'une amende de première réparation, d'un montant équivalent, et versée directement à la victime. Par exemple, un délinquant condamné à cinq mille euros d'amende à régler à l'État devra aussi régler la même somme à la victime. L'État, garant de cette amende, avancerait automatiquement les fonds à la victime. De plus, les fonds remis resteraient totalement indépendants des dommages et intérêts que celle-ci pourrait réclamer par ailleurs pour obtenir une réparation complète de son préjudice. Grâce à cette amende de première réparation, les victimes pourraient véritablement être reconnues comme telles et recevoir un premier dédommagement immédiat, sans avoir la nécessité d'engager une démarche supplémentaire.

10. Soutien psychologique

État des lieux

Les victimes d'agression sont souvent laissées seules face à leur traumatisme psychologique, ignorant l'existence des dispositifs d'aide. Plus grave encore, l'impact psychique de l'agression est rarement pris en compte dans la procédure judiciaire, laissant de côté une dimension essentielle du préjudice subi.

Résolution

Une évaluation psychologique doit devenir obligatoire pour toute victime d'agression. Dès le dépôt de plainte, les forces de l'ordre doivent informer les victimes de leurs droits à un diagnostic dans ce domaine, et organiser une consultation avec un médecin psychiatre ou un psychologue, dont le compte-rendu sera nécessairement joint à la plainte. Cette expertise immédiate évaluera la réalité du préjudice moral et l'ampleur du traumatisme, afin d'engager rapidement un suivi adapté si besoin. Ainsi, le versant psychologique ne sera plus une dimension oubliée de l'agression, mais un élément central de la procédure judiciaire, et de la réparation des dommages causés.

11. Responsabilité de l'État

État des lieux

Dans notre système juridique, le principe de l'appel autorise la révision par une juridiction supérieure de toutes les décisions rendues par une juridiction inférieure. La révision totale ou partielle en appel d'un jugement met en lumière la faute des magistrats ayant rendu la décision contestée, et plus généralement, un dysfonctionnement du service public de la Justice. Dans cette situation, et alors qu'elles sont totalement irresponsables des erreurs commises, toutes les parties deviennent des victimes qui devront supporter les coûts financiers (frais d'avocat, expertises, temps passé…).

Résolution

En cas d'appel ayant abouti à la réforme partielle ou totale d'un jugement attaqué, et selon le principe de la responsabilité de l'État, toutes les sommes engagées par les parties devant la juridiction supérieure doivent intégralement être remboursées. L'État ne peut plus se défausser de cette action en dédommagement dont l'origine est une erreur de jugement.

12. Indemnisation des parties en cas de faute

État des lieux

Alors que toute faute professionnelle engage normalement la responsabilité de son auteur, les magistrats bénéficient d'une quasi-immunité en cas d'erreur. Proclamés irresponsables à titre professionnel, sauf en cas de faute lourde ou de déni de Justice caractérisé, ce privilège laisse ainsi de nombreuses victimes d'erreurs judiciaires sans véritable recours. Tout en soulevant de sérieuses questions quant à la véritable égalité devant la loi de tous les citoyens, cette protection exceptionnelle crée et organise un déséquilibre flagrant entre les justiciables et ceux qui sont chargés d'appliquer le droit.

Résolution

Lorsqu'un magistrat commet une erreur qui annule des années de procédure, c'est à l'État de prendre en charge financièrement la réparation, et non, comme actuellement, aux justiciables qui en paient le prix fort. Tous les frais engagés par les parties, à la suite d'une faute d'un magistrat, doivent être intégralement remboursés par l'État ; cette indemnisation doit être automatique et exhaustive (honoraires d'avocats, frais d'expertise, frais de déplacement, temps perdu…). En responsabilisant financièrement l'État, les justiciables pourraient être mieux protégés des conséquences des erreurs commises, et cette mesure inciterait l'administration à mieux contrôler la qualité du travail réalisé.

13. Responsabilité financière du délinquant

État des lieux

Lorsqu'un délinquant est jugé coupable, il n'est pas tenu de rembourser les frais médicaux engagés par la victime pour se remettre des dommages physiques et psychologiques causés par son acte criminel.

Résolution

Indifféremment de la nature des dommages causés, et tant que la victime n'est pas rétablie, la responsabilité financière du délinquant doit être engagée, et il lui incombe de prendre en charge toutes les dépenses médicales occasionnées. Il est inacceptable qu'une victime abandonne ses soins faute d'argent, alors que son agresseur, reconnu coupable, a été déchargé de sa responsabilité pécuniaire par le système judiciaire.

14. Frais funéraires à la charge du meurtrier

État des lieux

Toute personne condamnée pour meurtre ou assassinat n'est pas légalement tenue de rembourser les frais funéraires supportés généralement par la famille de la victime, lui laissant ainsi, en plus de leur douleur morale, la charge financière des obsèques.

Résolution

Tous les frais funéraires de la victime doivent entièrement et directement être réglés par son meurtrier. La prison ne doit pas être la fin de toute responsabilité financière, mais seulement un échelon, et celui qui prend une vie doit en assumer toutes les conséquences, y compris financières.

15. Éloignement du criminel

État des lieux

Après avoir purgé sa peine pour un crime grave, comme un meurtre ou un viol, le condamné peut légalement choisir de s'installer à proximité immédiate de sa victime.

Résolution

Afin qu'elles puissent se reconstruire sereinement dans leur environnement, l'éloignement des criminels est une protection indispensable pour les victimes.
Par conséquent, il est impératif qu'après leur libération, tous les délinquants condamnés pour des crimes soient éloignés du domicile de leur victime dans un rayon géographique de cent kilomètres. Il ne revient plus à la victime de quitter son foyer pour fuir son agresseur, mais au criminel de prendre ses distances et de faire face aux contraintes de ses actes.

16. Un avocat d'office pour les victimes

État des lieux

Contrairement aux personnes mises en cause qui bénéficient systématiquement d'un avocat commis d'office dès leur garde à vue, les victimes d'infractions pénales ne disposent d'aucune assistance juridique automatique dès la commission du délit ou du crime.

Résolution

La victime doit jouir des mêmes droits que le suspect et être accompagnée par un avocat d'office pour préserver ses droits. Cet avocat bénéficiera des mêmes prérogatives que ceux de la défense, afin de protéger les intérêts de la victime et suivre la procédure.

17. Un avocat de garde

État des lieux

Lorsqu'une victime se rend dans un commissariat ou une gendarmerie pour porter plainte, elle ne reçoit aucune aide juridique sur site pour la conseiller. Se retrouvant confrontée à un univers étranger et des procédures complexes qu'elle ne maîtrise pas, elle choisit fréquemment de ne pas entamer de démarche pour faire valoir ses droits.

Résolution

La présence permanente d'un avocat dans chaque commissariat et gendarmerie principale est une nécessité évidente. Principalement dédié à soutenir les victimes, il serait disponible pour toute personne souhaitant déposer une plainte, en lui fournissant des informations sur ses droits, en l'aidant à préciser les faits, en vérifiant que tous les éléments importants soient bien mentionnés, et en veillant scrupuleusement à la correcte qualification pénale des actes. Il est très fréquent que des plaintes mal rédigées ou mal qualifiées aboutissent à de rapides classements sans suite. L'avocat aviserait également la victime sur les suites possibles : constitution de partie civile, demande de dommages et intérêts, saisine du fonds de garantie…

Chapitre 2

Le citoyen

La Justice française, bien qu'exaltée et mise en valeur comme une institution rendant ses jugements sur le fameux postulat « au nom du peuple », s'avère être une mise en scène tragique où le citoyen est non seulement rendu invisible, mais aussi exclu. Ce concept est un exemple cruel d'ironie entre la théorie et la réalité, entre les paroles et les faits. Une déchirure profonde entre la Justice et le citoyen est née, soulevant ainsi des questions troublantes sur la légitimité démocratique du système.

La Cinquième République a mis en place une pyramide judiciaire qui a perfectionné l'art subtil de tenir la démocratie à distance respectable. Le citoyen, pourtant si ardemment courtisé lors des échéances électorales, se trouve ensuite, par un étrange paradoxe, poliment mais fermement éconduit des institutions qu'il a contribué à légitimer. Écarté et privé de toute influence réelle, il se retrouve confronté à une organisation volontairement opaque où chaque procédure paraît conçue pour le maintenir dans une contemplation lointaine. Cette mise à distance méthodique révèle un système qui, tel un monument d'un autre âge, reste soigneusement retranché derrière ses murailles, rappelant une ancienne prison dont l'Histoire a déjà jugé le destin.

Dans une démocratie, comme on pourrait l'imaginer et la souhaiter, le citoyen est idéalement placé au plus proche du sommet de la pyramide judiciaire, participant activement à sa construction permanente. Mais, dans le réel de notre société, il est malheureusement relégué de force au troisième sous-sol de ce prestigieux monument, à deux doigts de tomber dans les oubliettes. Jugé immature par certains, peu fiable et même révolutionnaire par d'autres, il symbolise depuis trop longtemps cet élément incontrôlable que l'on s'est efforcé depuis des décennies de dénigrer, de rejeter, d'exfiltrer.

La peur innée engendrée par celui-ci fait craindre le pire pour quelques-uns, et comme me le disait un magistrat à la retraite : « Le citoyen est une victime potentielle et par essence, il suscite crainte et méfiance, car il pourrait s'aventurer à poser des questions embarrassantes et demander des comptes à la Justice ». Même minime, la représentation citoyenne au sein d’institutions judiciaires censées défendre les intérêts de la nation se transforme en un masque, une tromperie qui dissimule mal le malaise d'une Justice déconnectée des besoins clés du citoyen, à savoir protection et sécurité.

La triste et froide réalité anti-démocratique de la Justice française contraste fortement avec certains systèmes judiciaires étrangers, qui se montrent plus ouverts et populaires, en conférant aux citoyens des pouvoirs significatifs, comme l'élection des juges, symbolisant ainsi une Justice plus ancrée dans la communauté et réceptive des nécessités primaires du peuple.

Le temps s'accélère et l'heure n'est plus aux timides replâtrages, mais à une véritable révolution. Quelle audace d'imaginer une Justice dans laquelle le citoyen serait un acteur à part entière et non plus ce parent pauvre et sale qu'on tolère en se pinçant le nez. Et, si nous osions enfin transformer cette forteresse poussiéreuse en une maison de verre où chaque Français pourrait réellement faire entendre sa voix ? Sans cette métamorphose radicale, notre Justice continuera de jouer sa pièce de théâtre « démocratique » devant des gradins vides, pendant que la confiance des citoyens s'évapore comme la brume au petit matin.

États des lieux et résolutions

18. Création d'un jury pour les tribunaux correctionnels

État des lieux

Le tribunal correctionnel français est composé uniquement de magistrats professionnels qui dirigent les débats et décident du verdict. Aucune participation citoyenne n'est admise. Deux points essentiels remettent en question cette configuration. Le premier concerne la concrétisation réelle d'une Justice déséquilibrée et partiale, car le magistrat est à la fois juge et partie, celui qui interroge et celui qui condamne. Le deuxième aspect concerne la représentation du peuple : les jugements sont prononcés au nom du peuple français, mais le citoyen, première particule du peuple, n'est jamais représenté dans les instances du tribunal correctionnel. Dans une démocratie, il est essentiel que les citoyens soient impliqués dans la Justice ; puisqu'elle est rendue en son nom, le peuple doit participer directement à l'acte de juger. La participation des citoyens renforce la légitimité des décisions judiciaires en établissant un lien direct entre la société et la Justice, et quand des citoyens jugent d'autres citoyens, la Justice n'est plus une institution lointaine et technocratique, mais devient véritablement l'expression de la volonté populaire.

Résolution

Pour garantir une Justice équilibrée et populaire, il est indispensable de mettre en place, dans les audiences du tribunal correctionnel, un jury citoyen composé de trois personnes tirées au sort sur les listes électorales. Ce jury, après avoir entendu tous les arguments et reçu les explications nécessaires sur le droit applicable, est capable de juger seul de la culpabilité et de la juste peine applicable. Les magistrats professionnels doivent se limiter à diriger les débats et à expliquer le droit, mais la décision finale doit appartenir uniquement aux citoyens, indépendamment de toute influence.

19. Création d'un jury pour les tribunaux de police

État des lieux

Le tribunal de police, juridiction la plus méconnue de notre système judiciaire, juge aujourd'hui de toutes les contraventions avec un unique magistrat du siège, et sans aucun représentant des citoyens.

Résolution

Le tribunal de police doit mettre en place un jury citoyen composé de trois personnes tirées au sort sur les listes électorales. Toutes les motivations évoquées pour la présence d'un jury populaire au sein des audiences de jugement du tribunal correctionnel sont applicables pour le tribunal de police. Ce jury pourra décider seul de la culpabilité et de la peine.
Devant le tribunal de police, la Justice ne peut pas être rendue au nom du peuple français, si celui-ci n'est pas représenté.

20. Création de tribunaux territoriaux citoyens

État des lieux

La Justice de proximité française est aujourd'hui inexistante, laissant les petits litiges du quotidien s'enliser dans des procédures inefficaces de médiation ou devant des tribunaux surchargés, décourageant ainsi les citoyens à faire valoir leurs droits.

Résolution

Une nouvelle juridiction citoyenne doit être créée avec la mise en place de tribunaux territoriaux : composés de cinq citoyens tirés au sort sur les listes électorales, ils doivent remplacer le système actuel de médiation qui a montré ses limites et incohérences. Ces tribunaux citoyens se chargeraient rapidement de résoudre tous les conflits du quotidien : querelles de voisinage, nuisances sonores, petits différends, incivilités. Leur mode de fonctionnement serait simple : saisine directe sans avocat, audience dans les huit jours, décision exécutoire dans les soixante-douze heures. Contrairement aux médiateurs actuels, qui ne formulent que des recommandations souvent négligées et auxquelles eux-mêmes ne croient pas, ces juridictions de proximité auraient un pouvoir de décision coercitif réel.

Les citoyens juges, formés au préalable et encadrés par des professionnels, apporteraient leur bon sens et connaissance du terrain. Le tirage au sort renforcerait leur légitimité en assurant leur indépendance et leur représentativité, tout en évitant une professionnalisation avec l'instauration d'un court mandat de quatre ans.

La Justice citoyenne, rendue par des citoyens pour des citoyens, est une réponse optimisée pour résoudre rapidement et efficacement les conflits locaux de faible importance.

21. Augmentation du nombre de jurés

État des lieux

La Cour d'Assises est composée de trois magistrats professionnels, de six jurés en première instance et de neuf jurés en appel, l'ensemble formant une Cour qui délibère collégialement sur la culpabilité et la peine.

Résolution

La composition actuelle des Cours d'Assises ne répond pas aux exigences d'une Justice pénale du XXIe siècle. L'augmentation significative du nombre de jurés, à neuf en première instance et quinze en appel, marquerait une évolution décisive vers une Justice plus démocratique et représentative de la société.

La présence de neuf jurés en première instance consoliderait considérablement la légitimité du verdict, et cette composition élargie permettrait une meilleure évaluation collective plus étendue et aboutie. La multiplication des regards citoyens sur les faits criminels ne peut qu'enrichir le processus décisionnel.

Le passage à quinze jurés en appel revêt une importance encore plus déterminante. Face à la gravité d'une remise en cause du premier jugement, la société civile doit massivement être représentée.

Une formation augmentée garantirait un réexamen approfondi de l'affaire, où chaque élément serait scruté par un panel de concitoyens suffisamment large pour assurer une délibération plus éclairée. Cette réforme arithmétique traduirait une confiance renforcée dans la capacité des citoyens à juger leurs pairs.

22. Les citoyens jurés, seuls maîtres du verdict

État des lieux

En Cour d'Assises, les décisions sur la culpabilité et la peine sont prises conjointement par les magistrats et les jurés. Ces derniers ne disposent pas d'une totale indépendance dans leur jugement lors des délibérés, puisqu'ils peuvent être endoctrinés et intimidés par l'autorité naturelle et hiérarchique des magistrats.

En dépit d'une expression très célèbre, « On ne peut être juge et partie. », la Justice française est plongée dans l'aberration inverse jusqu'à son plus haut niveau de juridiction criminelle. Comment accepter, lors d'un procès en Assises, qu'un magistrat qui mène les débats, conduit les interrogatoires, influence l'audience et les jurés par ses questions ou remarques, puisse participer au vote sur la culpabilité ?

Résolution

La Justice rendue au nom du peuple implique que le verdict ne soit prononcé que par le peuple, représenté par les jurés, sans nécessiter une tutelle judiciaire. Les magistrats doivent se limiter à être les gardiens de la procédure et du droit, et il est capital qu'ils ne puissent plus voter lors des délibérés et être les codécideurs de la sentence.

23. Arrêt de la Cour Criminelle Départementale

État des lieux

Depuis 2023, les Cours criminelles départementales, créées pour juger les crimes punis de 15 à 20 ans de prison, remplacent les Cours d'Assises traditionnelles en supprimant le jury populaire au profit de cinq magistrats professionnels. Cette réforme présentée comme une simple modification administrative par ses auteurs, est en réalité un véritable coup d'État judiciaire. Un de plus.

Résolution

La suppression des Cours criminelles départementales est un devoir démocratique, car elles ont replongé la France dans le système judiciaire de l'Ancien Régime, avec toutes ses dérives.

En remplaçant le jury populaire par des magistrats professionnels, elles ont transformé les procès criminels en procédures techniques, symbolisant l'effondrement de notre système judiciaire populaire. En confisquant au peuple son droit fondamental de juger les crimes les plus graves, elles ont instauré une différence de traitement pour les accusés et les victimes, créant une véritable Justice privatisée entre quelques mains, une Justice de l'entre-soi. En monopolisant plus de magistrats pour son fonctionnement, elles vont inévitablement prolonger les délais d'accès à la Justice. Les Cours criminelles départementales ne sont pas un progrès, mais une dégradation et une rupture du lien vital entre la Justice et les citoyens.

24. Modification de la carte judiciaire

État des lieux

La carte judiciaire désigne l'organisation et la répartition géographique des tribunaux sur le territoire français, déterminant ainsi l'accessibilité de la Justice pour les citoyens selon leur lieu de résidence.

Constamment réformée par idéologie ou théologie, elle a progressivement supprimé de nombreux tribunaux, particulièrement dans les zones rurales, en éloignant toujours plus le citoyen, et instaurant ainsi un véritable déni de Justice.

Sous le fallacieux prétexte de rationalisation, la Justice s'est concentrée dans les grandes agglomérations, organisant sciemment un véritable désert judiciaire dans de nombreux territoires. Cette centralisation est une erreur majeure qui ignore une réalité criminelle : la délinquance ne connaît pas de frontières entre villes et campagnes ; les cambriolages, les violences et les trafics touchent tous les territoires.

Résolution

Pour restaurer une Justice de proximité authentique, il est nécessaire d'ouvrir de nouveaux tribunaux dans les territoires abandonnés. Chaque bassin de vie doit disposer de son tribunal, capable de traiter rapidement tous les contentieux locaux, qu'ils soient civils ou pénaux. Cette présence judiciaire est indispensable non seulement pour l'accès au droit, mais également pour la prévention de la délinquance. Un tribunal proche des citoyens favorise une Justice plus rapide, plus efficace et mieux comprise.

Chapitre 3

La peine

Dans le labyrinthe sinueux du droit, la peine apparaît comme un édifice multidimensionnel étrange, reflétant les contradictions et nuances d'une société à un instant donné. Elle est un mélange varié d'humanisme, de philosophie, de pragmatisme. Bref, un fourre-tout. Face à la difficulté de définir exactement ses contours, et sans ligne directrice forte, un flou artistique s'installe : punir ou réhabiliter, protéger la société, respecter la liberté individuelle, suivre l'esprit de la loi ou s'adapter aux circonstances uniques de chaque cas. Cette ambiguïté, savamment orchestrée par des groupes d'influence plus ou moins démonstratifs, s'exprime au quotidien dans les salles d'audience, faisant de la peine un enjeu politique, un reflet des valeurs, un aperçu des peurs, un espoir ou une complainte lancinante d'une nation.

Alors que la définition communément admise de la peine est : « Sanction prévue par la loi et applicable aux personnes en infraction », l'évidence de notre système juridique français montre que celle-ci est fausse. En effet, il existe différents types de peine, et donc autant de définitions possibles : les peines encourues ou théoriques, les peines prononcées, les peines effectuées. Ces quelques nuances résument à elles seules les parfaites errances du système pénal français : une peine encourue ne sera que rarement une peine prononcée et encore moins une peine effectuée.

Mais, force est de constater que notre système judiciaire de répression a failli, et ceci depuis des décennies. La peine a subi une métamorphose remarquable, passant d'un instrument de sanctions proportionnées à un mécanisme généralisé de pardon et d'excuses ciblées. Celui-ci s'est imposé de lui-même dans nos tribunaux, avec une constance robotique. Sournois dans les premiers temps, il s'expose au grand jour depuis plus de trente ans. Axé sur la diminution des peines et leur non-exécution, privilégiant le délinquant aux victimes, favorisant la liberté du criminel à la protection de la société, le pardon à la douleur des martyrs.

Dans notre société actuelle, la critique des peines est largement admise, notamment sur deux points. Le premier est sans aucun doute l'inadéquation flagrante entre les faits reprochés et la sévérité toute relative des jugements rendus. Une compassion bienveillante est trop souvent accordée au délinquant, au détriment de la victime. Il est inconcevable qu'une personne ayant commis un crime ne se retrouve pas mise au ban de la société de façon permanente. Le second est l'inexécution des peines prononcées. Trop de délinquants condamnés à de l'emprisonnement n'effectuent à aucun moment leurs peines pour de multiples raisons invoquées : manque de place, fragilité, minorité, bon comportement, soutien de famille, folie passagère…

Si collectivement, nous souhaitons sauvegarder notre société, ou en tout cas ce qu'il en reste, il ne faut pas se mentir : sans une application ferme et cohérente des sanctions, le système pénal devient un tigre de papier impuissant face à la criminalité organisée, et en ne parvenant pas à exécuter ses propres décisions, il démontre une faille critique au cœur même de son essence.

États des lieux et résolutions

25. Suppression des remises de peine

État des lieux

La remise de peine est une réduction de la durée d'emprisonnement qui permet à un condamné de sortir de prison avant la fin de sa peine, si celui-ci fait preuve d'une bonne conduite.

Résolution

Basée uniquement sur le comportement du délinquant lors de son séjour en prison, on peut s'interroger sur le rapport juridique entre une remise de peine et une bonne conduite. La peine est la sanction d'actes répréhensibles, mais la remise de peine est-elle a posteriori une récompense de ces mêmes actes ou un pardon anticipé ? En réalité, elle est surtout une insulte à la douleur des victimes, et entraîne une totale liquéfaction des condamnations prononcées et une décrédibilisation de la Justice. La suppression des remises de peine pour bonne conduite, instaurées dans le but de déresponsabiliser le délinquant de ses actions et de vider les prisons, est nécessaire, car une peine prononcée doit être purgée entièrement.

26. Suppression de la confusion des peines

État des lieux

La confusion des peines permet à un criminel condamné plusieurs fois d'exécuter uniquement la peine la plus longue, effaçant ainsi de fait les autres condamnations. Prenons l'exemple d'un criminel condamné à 15 ans pour un premier crime, et 10 ans pour un second crime. Avec la confusion des peines, il purgera seulement 15 ans au total, et non 25 ans, car la seconde peine de 10 ans est diluée dans la peine la plus lourde. Le second crime, bien qu'il soit jugé, est considéré comme n'ayant jamais eu lieu.

Résolution

La confusion des peines est une prime à la multiplication des crimes : comment justifier qu'un criminel ayant commis plusieurs crimes ou délits ne purge que la peine la plus longue ? Comment expliquer que les victimes ne sont pas toutes considérées de la même manière ? Chaque victime mérite que son agresseur effectue intégralement la peine liée à son crime. Pour garantir une Justice équitable et pour protéger les victimes, il est primordial que la confusion des peines ne soit plus un masque dissimulant des réductions de peines inavouées. Pour mettre fin à cette manipulation, la confusion des peines doit être supprimée, afin que les peines s'additionnent et ne fusionnent plus.

27. Mise en place de la perpétuité réelle

État des lieux

La perpétuité consiste à enfermer le condamné en prison jusqu'à son décès, ce qui en fait la sanction pénale la plus sévère à ce jour.

Résolution

Certains crimes sont si graves que leurs auteurs méritent une exclusion définitive de la société : les tueurs en série, les terroristes de masse, les assassins d'enfants, de personnes âgées, ou encore de policiers, ne doivent plus pouvoir espérer une libération.

Présentée comme la peine la plus lourde de notre système pénal, la perpétuité est un véritable mensonge judiciaire car cette sanction est inexistante dans les faits. Quand une Cour d'Assises prononce une peine de perpétuité, il s'agit en réalité d'une peine temporaire déguisée : tout condamné à perpétuité peut demander sa libération, selon les cas, après 18 ans, 22 ans ou 30 ans de prison. La prétendue perpétuité « incompressible » est tout aussi erronée puisqu'une libération reste toujours possible après 30 ans d'incarcération.

La Justice envers les victimes et la protection de la société nécessitent la mise en place d'une perpétuité réelle sans aucune possibilité de sortie.

28. Rétablissement des peines planchers

État des lieux

Lorsqu'il condamne un délinquant, les peines planchers imposent au juge un minimum de peine, qu'il ne peut moduler à la baisse, en théorie.

Résolution

En supprimant les peines planchers, la Justice a réaffirmé l'inégalité des citoyens devant la loi pénale, mais aussi la possibilité pour les délinquants d'échapper totalement à la sanction. Trop de peines symboliques et de sanctions dérisoires sont prononcées par certains tribunaux, atteints de clémence et de compassion excessives pour les criminels. En réinstaurant les peines planchers, la Justice retrouverait enfin les points centraux qu'elle a perdus : l'égalité des citoyens devant la loi pénale, la reconnaissance uniforme des délits et crimes, le respect des victimes.

29. Création des peines de courte durée

État des lieux

Le système pénal français ne dispose pas de peine de courte durée, allant de vingt-quatre heures à trois mois. Cependant, ces peines sont couramment utilisées dans de nombreux pays, car elles créent une zone de non-impunité pour la petite délinquance et contribuent à prévenir la récidive.

Résolution

La création de peines de courte durée est devenue une évidence pour la protection des victimes et de la société. Leur premier objectif est d'apporter une réponse pénale immédiate à des infractions du quotidien. Trois niveaux de sanctions peuvent être envisagés en fonction des différentes catégories d'infractions commises.

Le premier niveau, couvrant les peines d'un jour à quatorze jours, cible les infractions de faible gravité. Il s'agit, par exemple, des incivilités, du premier vol à l'étalage sans circonstances aggravantes, des infractions routières simples, des dégradations légères de biens publics ou privés, des tapages nocturnes…

Le deuxième niveau, comprenant les peines de quinze à trente jours, s'applique aux infractions d'une gravité intermédiaire. Cette catégorie englobe, par exemple, les vols à l'étalage en récidive, les violences légères sans ITT (Interruption Temporaire de Travail), le non-paiement de pension alimentaire…

Le troisième niveau, correspondant aux peines d'un à trois mois, concerne les infractions les plus sérieuses : première interpellation pour usage de stupéfiants, violences légères avec ITT inférieure à huit jours, délits routiers aggravés, escroqueries inférieures à deux mille euros…

Cette classification établit une correspondance claire entre la gravité des infractions et la durée de la peine, tout en évitant l'effet désocialisant d'une incarcération prolongée. Enfin, elle offre aux magistrats un cadre de référence précis qui préserve et protège leur pouvoir d'appréciation.

30. Suppression de la dispense d’exécution de la peine

État des lieux

Dans notre système judiciaire, un magistrat peut prononcer une peine de prison tout en décidant simultanément qu'elle ne sera pas exécutée.

Résolution

Comment croire en une Justice qui prononce des peines qu'elle ne veut pas faire appliquer ? À quoi sert un procès si la peine prononcée n'est qu'une illusion, un faux semblant ? Que dire aux victimes voyant leur agresseur condamné mais dispensé de purger sa peine ? Quel message est envoyé au délinquant reconnu coupable mais condamné à une peine virtuelle ?
La Justice pénale perd son sens quand elle se contente de peines fictives, et un juge qui ne souhaite pas qu'une peine soit exécutée ne devrait pas la prononcer. La non-exécution des peines transforme les tribunaux en salles de spectacle où l'on joue à faire semblant de punir, où les jugements sont des décisions en trompe-l'œil, où s’exprime un véritable reniement de la Justice par la Justice elle-même.

Les magistrats qui condamnent et prononcent immédiatement la non-exécution de la peine, en totalité ou en partie, vont à l'encontre de la définition même de la Justice, et du respect des victimes.

31. Suppression de la semi-liberté

État des lieux

La semi-liberté est un régime de détention qui autorise le condamné à quitter la prison la journée pour travailler ou se former.

Résolution

La semi-liberté ne peut être envisagée que pour les auteurs de petits délits et doit catégoriquement être interdite aux criminels. Permettre à l'auteur d'un crime de bénéficier d'une liberté partielle constitue non seulement une offense insupportable pour les victimes et leurs familles, mais représente également un risque majeur pour la sécurité de la société.

32. Suppression des peines de sûreté

État des lieux

La période de sûreté est une mesure qui interdit au condamné tout aménagement de peine (libération conditionnelle, semi-liberté, permissions de sortie) pendant une durée déterminée par une Cour d'Assises, garantissant ainsi une période incompressible d'incarcération effective avant tout espoir de libération anticipée.

Résolution

La suppression de la peine de sûreté est nécessaire. Celle-ci donne l'illusion d'une Justice plus sévère, mais ne fait qu'aménager une remise de peine dès le prononcé du verdict. Partons d'un exemple classique très répandu : un assassin, condamné à 22 ans de prison avec une période de sûreté de 18 ans, pourra demander sa liberté dès sa dix-huitième année d'incarcération, transformant ainsi les quatre années restantes en une simple possibilité d'emprisonnement soumise au bon vouloir du juge d'application des peines. Cette conception de la Justice revient à trahir le verdict initial, à bafouer les droits des victimes, et confirme que les peines encourues ne sont pas les peines prononcées, et encore moins les peines effectuées.

33. Suppression de la remise en liberté

État des lieux

Une remise en liberté est la décision judiciaire qui permet à une personne en détention provisoire de sortir de prison avant son jugement.

Résolution

Comment justifier qu'un individu arrêté pour des faits graves puisse être libéré avant son jugement ? Les arguments de la surpopulation carcérale, très souvent invoqués, ne peuvent plus justifier l'automaticité des remises en liberté. La détention provisoire doit devenir une règle inflexible pour tous les délinquants auteurs de crimes ou délits graves, car trop de drames sont causés par des individus dangereux remis en liberté par des décisions irresponsables. La remise en liberté est une forme de déviation idéologique qui autorise les suspects à préparer leur fuite, à menacer les victimes ou à récidiver.

34. Suppression des aménagements de peine

État des lieux

Les aménagements de peine permettent de modifier substantiellement la sanction initiale prononcée par le tribunal, en accordant par exemple des permissions de sortie, une semi-liberté, un placement sous bracelet électronique, une libération conditionnelle. Ils transforment ainsi profondément le sens et la portée de la condamnation originale.

Résolution

Les aménagements de peine sont devenus une échappatoire systématique qui vide les condamnations de leur sens. Ces dispositifs métamorphosent les peines fermes en simples contraintes allégées, et détruisent l'autorité et la cohérence de la Justice. Comment justifier qu'une peine de prison ferme, prononcée par le tribunal, sera transformée immédiatement par ce même tribunal ou par le juge d'application des peines, en un simple port de bracelet électronique ? Comment prendre au sérieux des condamnations qui seront systématiquement adoucies et édulcorées ? Quelle est la légitimité d'une mesure qui sacrifierait une décision de Justice pour le confort d'un délinquant ?

Il est possible d'envisager des aménagements de peine, mais uniquement pour certains cas exceptionnels qui ne peuvent trouver de solutions internes en centre pénitentiaire, comme dans le cas des traitements médicaux lourds.

35. Suppression du sursis simple et probatoire

État des lieux

Le sursis simple est une suspension de l'exécution de la peine sous la seule condition de ne pas commettre de nouvelles infractions pendant le délai d'épreuve ; le sursis probatoire, plus contraignant, impose au condamné de respecter diverses obligations et interdictions, comme le suivi d'un traitement médical, l'interdiction de fréquenter certains lieux…

Résolution

Le sursis est une illusion de Justice pour les victimes, la société et les délinquants. Comment peut-on encore avoir confiance dans l'efficacité d'une condamnation qui n'est jamais exécutée ou alors amputée de l'essentiel ? Comment est-on arrivé à cette fumeuse idée qui consiste à nous faire croire qu'un délinquant qui n'effectue pas sa peine, va mieux se réintégrer dans la société ? Où place-t-on la victime dans ce schéma de sursis ? Nulle part.

Ces pseudo-sanctions, qui permettent d'éviter l'exécution de la peine, sont dénuées de sens et d'efficacité. À la place de ces systèmes obsolètes et inutiles, il faut instaurer une période de probité sociale, qui s'ajoute automatiquement à la peine principale. Une fois sa peine purgée, le condamné entrerait inévitablement dans cette période de probité, où, accompagné par des professionnels, il devrait prouver sa capacité et sa volonté à réintégrer la société avec un vrai parcours personnalisé de resocialisation. Le condamné serait tenu de démontrer activement qu'il mérite de nouveau sa place dans la société : travail stable, indemnisation des vic-

times, réel suivi médical psychologique ou autre, formation professionnelle…
Si cette période de probité n'est pas validée, alors la personne ne pourra plus bénéficier d'indulgence bienveillante en cas de récidive.

36. Suppression du juge d'application des peines

État des lieux

Le juge d'application des peines (JAP) est un magistrat spécialisé qui suit l'exécution des sanctions pénales, décide des aménagements de peine, contrôle le respect des obligations imposées aux personnes condamnées. Le JAP peut radicalement transformer la peine prononcée en accordant, par exemple, des permissions de sortie, une semi-liberté, un placement sous bracelet électronique ou même une libération conditionnelle, remettant ainsi en cause les jugements rendus.

Résolution

La fonction du JAP, qui permet à un magistrat unique de modifier substantiellement une décision prise collégialement par un tribunal ou une Cour d'Assises, soulève une question fondamentale de légitimité judiciaire. Sans avoir assisté aux débats initiaux, sans avoir entendu les parties, les témoins ou les experts, le JAP, sous couvert d'individualisation de la peine, s'arroge le pouvoir de réécrire la sentence en procédant à un véritable nouveau jugement de l'affaire. Comment accepter qu'un juge seul puisse remettre en cause, parfois des années plus tard, une décision mûrement réfléchie par une formation collégiale ?

Cette situation crée une véritable hiérarchie inversée dans notre système judiciaire, et la fonction de juge d'application des peines doit être supprimée.

37. Réquisitions non suivies : l'appel, un devoir du Procureur

État des lieux

Le Procureur de la République dispose d'un droit d'appel général contre toutes les décisions pénales, qu'il s'agisse d'une relaxe, d'un acquittement ou d'une peine. Cependant, il utilise avec parcimonie cette faculté, préférant souvent s'en tenir au jugement, même si celui-ci est contraire à ses demandes de sanction, créant ainsi un sentiment d'impunité chez le délinquant et d'incompréhension pour les victimes.

Résolution

La Justice ne doit plus être une loterie. Lorsqu'un Procureur requiert une sanction, c'est qu'il l'estime juste et nécessaire, et si le tribunal décide de prononcer une condamnation inférieure à ses réquisitions, le Procureur doit automatiquement faire appel. Pour ne pas trahir sa mission de protection de la société qui lui a été confiée, il doit utiliser toutes les possibilités offertes par la procédure pour faire respecter ses demandes et défendre la cohésion de celles-ci. Il faut en finir avec les Procureurs qui acceptent des peines au rabais, et constatent benoitement des jugements très favorables aux délinquants et préjudiciables aux victimes.

38. La motivation des sanctions

État des lieux

Les magistrats sont tenus de motiver précisément leurs décisions en expliquant les raisons de fait et de droit qui les ont conduits à leur jugement, mais cette obligation reste souvent formelle et ne permet pas aux justiciables de comprendre véritablement les fondements des décisions rendues.

Résolution

La motivation détaillée des décisions pénales n'est pas une option, mais une exigence juridique, et son absence nuit gravement à la compréhension de la Justice. Comment peut-on tolérer qu'un tribunal puisse condamner quelqu'un sans expliquer pourquoi une peine a été choisie plutôt qu'une autre ? Il est impératif que les juges justifient de manière systématique et approfondie le prononcé du verdict, en utilisant une argumentation précise et individualisée. Les formules creuses et les motivations standardisées ne peuvent plus suffire, car sans explications claires, une peine nuit à sa crédibilité, et les victimes, comme les condamnés, ont le droit de comprendre la sentence prononcée.

39. Impossibilité de minimiser l'infraction

État des lieux

La requalification des faits par les magistrats leur permet de modifier la nature juridique des actes poursuivis, transformant, par exemple, un crime en délit ou un délit en contravention. Cette manipulation peut entraîner un changement de juridiction compétente, et surtout une réduction significative des peines encourues, au détriment des victimes qui voient leur préjudice diminué.

Résolution

La pratique qui consiste à minimiser volontairement la gravité des infractions est le symbole d'une Justice qui refuse d'accepter le réel. Cette dérive est doublement perverse. D'abord, elle nie l'exactitude des faits : un viol devient une « simple » agression sexuelle, un meurtre se transforme en coups mortels ayant entraîné la mort sans intention de la donner, un lynchage devient une correction… C'est une violence supplémentaire infligée aux victimes qui voient leur traumatisme dévalué par la Justice elle-même. Ensuite, elle permet aux délinquants d'échapper aux peines qu'ils méritent réellement sous couvert d'une qualification juridique dégradée et complaisante.

En outre, ces réévaluations faussent les statistiques et les chiffres de la délinquance : comment connaître le nombre exact de viols quand certains sont volontairement déclassés en agressions sexuelles ? Comment mesurer la violence quand des meurtres sont détournés en accidents ? La règle doit être intangible : les faits doivent être qualifiés pour ce qu'ils sont vraiment, et des voies d'appel sincères doivent être possibles dès le début de la procédure pour les victimes.

40. Exclusion des criminels de tout emploi public

État des lieux

Notre système pénal permet à un criminel ayant purgé sa peine de travailler dans les services publics, y compris au contact d'enfants ou de personnes vulnérables.

Résolution

Comment peut-on tolérer qu'un criminel condamné puisse ensuite représenter l'État, enseigner ou travailler dans nos administrations ? Les auteurs de crimes, notamment de viols, n'ont pas leur place dans la fonction publique, qui n'est pas destinée à servir de refuge pour des réintégrations discrètes ou de « seconde chance ».

La loi doit interdire qu'un criminel puisse être embauché et travailler dans le service public.

41. ITF automatique de 10 ans pour les auteurs de délits

État des lieux

L'Interdiction du Territoire Français (ITF) est une peine complémentaire prononcée par les tribunaux, interdisant à un étranger condamné de séjourner sur le sol français pendant la durée fixée.

Résolution

Bien que constituant une réponse pénale logique, l'ITF est aujourd'hui trop rarement requise par les Procureurs et prononcée par les tribunaux, souvent pour des considérations politiques. Pourtant, cette sanction n'a pas de caractère excessif car elle découle du principe simple selon lequel, un étranger accueilli sur le territoire français se doit de respecter « à la lettre » les lois de son pays d'accueil. Lorsqu'il devient délinquant, il brise ce pacte tacite et perd légitimement son droit de séjour. Pour rompre avec la situation actuelle, une règle automatique doit s'imposer : tout délit sanctionné par une peine supérieure à six mois d'emprisonnement entraîne automatiquement une ITF de dix ans.

42. ITF automatique de 30 ans pour les auteurs de crimes

État des lieux

L'Interdiction du Territoire Français (ITF) est une peine complémentaire prononcée par les tribunaux, interdisant à un étranger condamné de séjourner sur le sol français pendant la durée fixée.

Résolution

La résolution est identique à celle des ITF pour les auteurs de délit, mais ici la durée est repoussée à trente ans pour les auteurs de crime. De plus, cette mesure doit être complétée par une obligation pour la personne qui revient sur le territoire français, de fournir un casier judiciaire à jour.

Chapitre 4

La prison

Longtemps considérée comme un monolithe de la répression étatique, la prison est un univers en soi, un microcosme de destins entrelacés, où chaque cellule raconte une histoire différente avec ses regrets ou remords, ses vies brisées. Cette institution, autrefois symbole de Justice et d'ordre, se révèle être un champ de bataille où se perdent les idéaux de réforme et de rédemption. Depuis de longues années, cette prison si redoutée jadis, a été détruite dans ses fondations par les différentes politiques menées jusque-là, visant à la décrédibiliser, à l'amputer de ses moyens et de sa finalité première : préserver la société de la délinquance et de la criminalité.

Malgré son existence, la prison ne parvient plus à endiguer les flots de la criminalité organisée. Gangs, réseaux de trafic, corruption... La détention semble n'être plus qu'une pause mineure dans les activités illicites, questionnant ainsi l'efficacité réelle du système pénitentiaire. Parfois, au lieu de calmer les ardeurs criminelles, celui-ci fabrique des monstres. Des individus entrants pour de petits délits, en ressortent endurcis, éduqués dans l'art du crime. Les prisons sont aussi devenues des incubateurs de radicalisation, où les idéologies extrêmes trouvent un terreau fertile. Loin de freiner les penchants extrémistes, elles les exacerbent, posant un risque sécuritaire majeur pour la société à la sortie des individus.

La prison est devenue l'exemple type d'un système judiciaire défaillant, où l'idéal de la Justice se heurte à une réalité bien plus sombre et critiquable sur de nombreux aspects. L'un de ceux-ci est focalisé sur la surpopulation carcérale, sujet de préoccupation majeur savamment entretenu par certains. En raison de leur capacité à accueillir un nombre limité de détenus, les prisons françaises font face à un engorgement chronique, et avec un taux d'occupation dépassant largement les 100 % dans de nombreux établissements, elles sont devenues un boulet pour la République.

Dans ce contexte, on peut aussi établir que la promesse de réhabilitation en milieu carcéral est devenue une illusion chimérique. En l'état actuel, l'emprisonnement ne peut pas transformer des individus délinquants en modèles de savoir-vivre, et encore moins tenter de les rééduquer. À ce stade, réaffirmons une vérité essentielle : la prison est d'abord un lieu de sanction, une réponse ferme de la société aux transgresseurs de ses lois. Une sincère réhabilitation, si elle est envisageable et souhaitée, ne peut être qu'une possibilité secondaire, jamais une obligation.

L'urgence de construire de nouveaux établissements pénitentiaires n'est plus à démontrer, et celle-ci doit être guidée par une nouvelle vision de l'emprisonnement. Une hiérarchisation claire de nos prisons doit voir le jour avec des établissements de haute sécurité pour neutraliser les criminels les plus dangereux, des structures intermédiaires pour les délinquants à risque modéré, et des prisons standards pour les profils les moins agressifs. À cela s'ajoutent deux nouvelles catégories indispensables : les établissements de courte durée, véritables électrochocs pénitentiaires pour les peines de moins de trois mois, et les prisons pour mineurs où la sanction est accompagnée d'un encadrement éducatif strict. Cette organisation n'a qu'un objectif : faire de l'emprisonnement une sanction efficace et graduée, sans transformer nos prisons en centres de réinsertion où la punition se diluerait dans une bienveillance excessive.

États des lieux et résolutions

43. Création de places de prison

État des lieux

L'évolution du système pénitentiaire français révèle une inadéquation flagrante entre les besoins de notre société et la réalité des prisons. En 2024, la France disposait de 60 616 places de prison pour 74 618 personnes détenues, caractérisant ainsi une surpopulation carcérale très importante de 123 %. De 2021 à 2024, 8 établissements pénitentiaires ont été fermés et 33 places créées (source Insee). Ces chiffres sont l'étendard flamboyant du mépris des différentes politiques successives pour le système pénitentiaire. Comment justifier que depuis les années soixante-dix, malgré l'augmentation de la population et l'évolution de la criminalité, notre capacité d'enfermement des criminels n'ait pas suivi une progression proportionnelle ? Les conséquences de cette pénurie sont dramatiques : conditions de détention indignes, tensions exacerbées, impossibilité de mettre en œuvre une véritable réinsertion pour les condamnés. Par ricochet, le manque de places conduit à des choix impossibles : qui incarcérer ? Qui laisser en liberté ? La Justice se retrouve contrainte d'aménager des peines, non par choix idéologique pour certains magistrats, mais par simple nécessité matérielle. Malgré les nombreuses annonces successives de création de nouvelles places, démenties par la réalité des chiffres, il n'existe aucune volonté de protéger les citoyens et d'enfermer les délinquants.

Résolution

Création de 80 000 places de prisons sur un délai de 5 ans.

44. Les établissements pénitentiaires

État des lieux

Notre système pénitentiaire actuel mélange trop souvent, dans les mêmes établissements, des détenus aux profils radicalement différents. Les primo-délinquants sont au contact de criminels confirmés, les voleurs simples sont mélangés avec des braqueurs de banques…

Résolution

Une nouvelle organisation fondée sur la nature des peines, leur durée et la dangerosité des condamnés doit être mise en place pour améliorer la prise en charge efficace des délinquants. Différents niveaux sont à envisager : le premier niveau concernerait les établissements pour courtes peines ne dépassant pas trois mois d'emprisonnement. Ces établissements doivent se concentrer sur la réinsertion rapide et ne nécessitent pas de sécurité avancée. Le deuxième niveau viserait les établissements pour les délits dépassant trois mois d'emprisonnement, et d'une façon générale les auteurs d'infractions significatives, mais non criminelles. Le troisième niveau serait réservé aux centres pénitentiaires accueillant les criminels endurcis. Hautement sécurisés, ils recevraient uniquement les condamnés pour meurtres, viols et autres crimes graves. Le quatrième niveau serait composé d'établissements spéciaux dédiés exclusivement aux terroristes, avec une isolation totale et effective pour ces détenus particulièrement dangereux.

Enfin, les établissements pour mineurs sont à repenser totalement. Dans ces centres pour mineurs, l'accent doit être mis sur l'éducation, la formation professionnelle et le suivi psychologique. Chaque mineur doit obligatoirement suivre un programme personnalisé avec des objectifs précis : scolarité, apprentissage d'un métier, thérapie si nécessaire. L'implication des familles doit être encouragée, voire obligatoire, quand elle est bénéfique.

Trois catégories distinctes sont à créer : les établissements pour primo-délinquants mineurs, axés sur l'éducation et la prévention de la récidive ; ceux pour mineurs récidivistes, avec un encadrement renforcé ; et enfin ceux pour mineurs criminels, combinant sécurité maximale et programme éducatif intensif.

45. La fouille comme règle absolue

État des lieux

Les prisons françaises sont gangrenées par l'entrée massive de produits illicites (drogue, téléphones, armes…) introduits notamment lors des visites aux détenus. Le constat s'avère terrible pour notre système pénitentiaire car il est totalement paralysé par des règles qui restreignent le droit de fouille, transformant ainsi les parloirs en principaux points d'entrée des objets interdits, en véritables passoires légales.

Résolution

Pour mettre un terme à cette dérive, il est impératif d'instaurer une procédure de fouille obligatoire et systématique pour toutes les personnes souhaitant entrer dans un établissement pénitentiaire. Cela comprendrait un passage au détecteur de métaux, une inspection minutieuse des effets personnels, et si nécessaire, une palpation de sécurité. Cette systématisation des contrôles, loin d'être une mesure vexatoire, constitue une protection essentielle pour l'ensemble des acteurs du monde carcéral. Elle sécurise l'environnement des détenus en limitant les trafics, protège le personnel pénitentiaire des violences liées aux objets prohibés, et préserve activement les familles des pressions qu'elles pourraient subir pour introduire des produits délictueux. L'enjeu de la sécurité exige des mesures fermes, faisant de la fouille des visiteurs non pas une simple option, mais une composante fondamentale.

Chapitre 5

La procédure

La procédure judiciaire française se caractérise principalement aujourd'hui par une lenteur chronique qui porte atteinte à l'efficacité même de la Justice. Les délais de traitement des affaires pénales s'allongent inexorablement, créant un fossé grandissant entre le moment de commission des faits et leur jugement. Cette situation est particulièrement préoccupante car elle affecte la confiance des citoyens dans leur système judiciaire.

Notre Justice ressemble à une vieille voiture minée par la rouille et qui aurait besoin d'un bon coup de jeune. Vous savez, ces vieilles machines qu'on n'ose plus toucher de peur qu'elles ne tombent définitivement en panne ? Papiers par-ci, formulaires par-là, procédures interminables…

On se perd dans une bureaucratie procédurale qui date d'un autre âge. Et, pendant ce temps, les dossiers s'empilent et les personnes attendent. Trouvez-vous normal qu'à l'époque des smartphones et du tout-connecté, on ne puisse pas suivre l'avancement de son dossier en ligne ? Dans un monde dans lequel on peut commander un repas et traquer le livreur en temps réel, notre Justice continue de fonctionner comme au siècle dernier. L'intelligence artificielle, la dématérialisation, les plateformes numériques... Toutes ces technologies existent, alors pourquoi ne pas s'en servir ?

Et que dire des victimes qui attendent des mois ou années pour voir leur agresseur jugé ? Ou des jeunes délinquants qui ne sont sanctionnés que longtemps après leurs actes ? Une Justice rapide n'est pas un luxe, c'est la base pour que les citoyens gardent foi dans le système. Comment voulez-vous que la Justice soit efficace si elle arrive toujours trop tard ?

Bien sûr, on ne peut pas tout changer d'un coup de baguette magique, mais n'est-il pas temps de commencer à tout repenser ? De la façon dont on enquête jusqu'à l'application des peines, tout le système a besoin d'être modernisé. Les petits ajustements par-ci par-là ne suffisent plus. Il faut une vraie révolution pour avoir enfin une Justice qui protège, qui répare, et surtout qui agit vite.

États des lieux et résolutions

46. Comparution immédiate pour le port d'arme blanche

État des lieux

Le port d'un couteau est considéré comme un délit, mais son traitement judiciaire est variable : le Procureur ayant toute latitude pour décider des suites à donner, la sanction se limite souvent à une simple confiscation ou à un rappel à la loi, sans enclencher une quelconque poursuite, favorisant ainsi une banalisation du port des armes blanches.

Résolution

Le port d'un couteau, et plus généralement d'une arme blanche ou d'une arme par destination, doit entraîner une réponse pénale inévitable et immédiate : la personne interpellée avec une arme entrant dans cette classification doit systématiquement passer en comparution immédiate et être condamnée à de la prison ferme. Le Procureur ne doit plus pouvoir engager des procédures alternatives, procéder hâtivement avec zèle, mais sans brio, à des classements sans suite visant à déresponsabiliser le porteur d'une arme. Cette automaticité est nécessaire face à la multiplication des agressions armées, car le port d'une arme blanche n'est jamais anodin et démontre une intention agressive évidente.

47. Comparution immédiate sans accord du délinquant en cas de flagrant délit

État des lieux

Actuellement, même pris en flagrant délit, un délinquant peut refuser la comparution immédiate et obtenir un report de son procès, créant ainsi une situation dans laquelle l'auteur des faits reste le maître du temps, et peut échapper à une sanction rapide.

Résolution

Quand les faits sont évidents, et le délinquant pris sur le fait, il n'existe aucune raison de refuser la comparution immédiate et de retarder le jugement. Pour être efficace, la Justice doit s'avérer contiguë, et dans le cadre d'un flagrant délit, l'accord du délinquant doit être supprimé, car le magistrat va juger de l'évidence. Accepter des reports revient à négliger la victime et son traumatisme, et permet au délinquant d'échapper à sa responsabilité immédiate. Refuser l'accord du délinquant ne constitue pas une négation des droits de la défense : l'avocat serait présent, et les preuves examinées.

48. Garde à vue de 48h pour les crimes

État des lieux

La garde à vue, limitée à vingt-quatre heures renouvelables, impose aux enquêteurs une course contre-la-montre qui nuit à la qualité des enquêtes, et peut conduire à des erreurs. Ce temps réduit est souvent insuffisant pour des affaires complexes nécessitant de multiples actes d'investigation.

Résolution

La durée initiale de garde à vue pour les crimes doit être portée à quarante-huit heures renouvelables, afin de donner aux enquêteurs le temps nécessaire à leurs recherches, sans être constamment sous la pression du chronomètre. Cette extension du délai autoriserait des interrogatoires plus approfondis, des vérifications plus minutieuses, des confrontations plus nombreuses. La garde à vue ne serait plus cette course effrénée où l'on néglige parfois des actes essentiels, et les suspects disposeraient de plus de temps pour s'expliquer et fournir des éléments de défense afin de prouver leur innocence.

49. Perquisition de six heures à minuit pour les crimes

État des lieux

Les perquisitions sont actuellement autorisées entre six heures et vingt-et-une heures, sauf exceptions, créant ainsi une plage horaire protégée qui peut être exploitée par les criminels.

Résolution

Cette limite horaire est devenue un obstacle à l'efficacité opérationnelle, et à lui seul, il justifie l'absolue nécessité d'étendre les horaires de perquisition de six heures à minuit pour les enquêtes criminelles. Ce prolongement donnerait aux enquêteurs une plus grande flexibilité dans l'organisation de leurs opérations, et la limitation actuelle ne les obligerait plus à reporter des investigations urgentes. Pour les crimes, la règle doit être adaptée à la réalité : puisque les malfaiteurs ne s'arrêtent pas à vingt-et-une heures, la Justice ne peut pas se permettre de prendre une pause quotidienne pour laisser les délinquants s'adonner à leurs méfaits.

50. Suppression de la provision financière

État des lieux

Le versement d'une consignation financière est obligatoire pour se constituer partie civile devant le juge d'instruction. Ce dépôt doit être préalable à toute action du magistrat instructeur.

Résolution

Cette exigence de consignation financière pour se constituer partie civile dresse une barrière économique devant l'accès à la Justice. En transformant insidieusement notre système judiciaire en un procédé de sélection par l'argent, cela exclut de facto certaines victimes ne disposant pas des fonds suffisants.

Le statut de victime et le droit d'agir en Justice ne peuvent pas être conditionnés à une capacité budgétaire, et cette exigence pécuniaire crée une discrimination flagrante entre les justiciables. Il est important de préciser que la consignation versée peut, à tout moment, être gardée définitivement par la Justice, si elle le souhaite.

Le prétendu effet dissuasif de cette provision contre les constitutions de partie civile abusives n'est qu'un leurre, car d'autres mécanismes juridiques existent déjà pour sanctionner les procédures immotivées. La Justice pénale ne peut pas continuer à fonctionner comme une entreprise commerciale où l'accès au service est conditionné par des facultés monétaires. Cette dérive mercantile compromet la fonction fondamentale de l'institution judiciaire, en particulier en matière pénale, car le droit de recours à la Justice doit être garanti au citoyen, indépendamment de toute autre considération.

51. Utilisation du détecteur de mensonges

État des lieux

Le détecteur de mensonges, nommé aussi « polygraphe », utilisé comme outil d'investigation, est interdit en France.

Résolution

L'introduction du détecteur de mensonges dans le système judiciaire représenterait une avancée technique majeure dans la recherche de la vérité. Pourtant, cet outil, déjà utilisé dans divers pays (Belgique, Canada, États-Unis, Inde...) reste tabou en France, comme si notre procédure pénale devait demeurer fermée et hostile à toute innovation scientifique. L'autorisation encadrée du polygraphe offrirait aux enquêteurs un instrument complémentaire précieux, car utilisé avec les garanties procédurales appropriées, il constituerait un élément d'appréciation supplémentaire dans la détection de la véracité. Sa valeur probatoire, sans être absolue, enrichirait utilement le faisceau d'indices à la disposition des investigateurs.

Cette évolution nécessite évidemment des garde-fous : consentement obligatoire de la personne testée, présence de l'avocat, droit de refus sans conséquence préjudiciable, protocole strict d'utilisation, formation certifiée des opérateurs. Le polygraphe ne serait jamais qu'un paramètre parmi d'autres dans l'estimation globale des preuves.

La modernisation de notre Justice pénale ne peut pas faire l'économie d'une réflexion approfondie sur l'intégration des progrès technologiques, et le détecteur de mensonges, mis en œuvre avec discernement, pourrait devenir un allié inestimable pour les enquêteurs.

52. Utilisation de l'enregistrement vidéo comme preuve

État des lieux

La vidéo, qu'elle soit issue de caméras de surveillance ou de témoins privés, est rarement acceptée par les tribunaux français qui peuvent la rejeter pour des motifs divers et variés. Pire ! Si une personne filme un individu commettant un crime, mais sans son consentement, elle risque d'être condamnée à son tour pour atteinte à la vie privée…

Résolution

Bien qu'elles constituent souvent des preuves déterminantes de comportements délictueux ou criminels, les vidéos errent dans un brouillard juridique quant à leur acceptation comme élément de preuve. L'inscription explicite dans la loi de leur admissibilité s'impose. Cette évolution législative établirait un cadre clair, définissant précisément les conditions de recevabilité, avec des garde-fous essentiels : absence de provocation à l'infraction, respect de la dignité humaine, authentification rigoureuse des contenus et vérification de leur intégrité, proportionnalité entre l'atteinte aux droits individuels et la gravité des faits prouvés… Pour que le droit reste en phase avec son temps et notre société, il est vital d'adapter la législation à l'ère numérique.

53. Utilisation de l’enregistrement audio comme preuve

État des lieux

L'enregistrement audio, même s'il apporte la démonstration irréfutable d'une infraction, n'est pas automatiquement admis comme élément de preuve par les tribunaux français, qui peuvent l'écarter des débats.

Résolution

Notre droit pénal, ancré dans une conception dépassée de l'administration de la preuve, peine à insérer réellement des supports devenus omniprésents dans notre société numérique.
À ce titre, les enregistrements audios privés, comme les vidéos, demeurent dans une brumasse légale quant à leur acceptation au titre d'élément de preuve. Encore une fois, on retombe sur l’appréciation personnelle du magistrat, qui va unilatéralement pouvoir approuver ou rejeter un enregistrement audio.

Notre droit doit évoluer pour intégrer sans détour ces nouvelles technologies devenues incontournables dans notre environnement numérisé.

Les progrès en matière d'authentification audio permettent aujourd'hui de garantir l'intégrité des enregistrements, d'identifier toute manipulation. Ces avancées techniques doivent être mises au service de la recherche de la vérité par une législation qui encadrerait les enregistrements sonores comme moyens de preuve ; elle ne constituerait pas un blanc-seing à toutes les captations, mais établirait un cadre juridique précis, définissant les conditions de leur recevabilité. Cet environnement réglementaire législatif prévoirait des garanties essentielles : interdiction des enregistrements obtenus par violence ou contrainte, exigence d'authenticité vérifiable, respect de l'intimité de la vie privée, proportionnalité entre l'atteinte aux droits individuels et la gravité des faits prouvés…

L'objectif est d'en finir avec les débats stériles sur leur admissibilité et laisser place à une analyse objective de leur valeur probante. L'enregistrement audio ou vidéo, utilisé dans le respect des droits fondamentaux, doit trouver son intégration explicite dans notre arsenal juridique.

54. Enregistrement vidéo des auditions pendant l'instruction

État des lieux

Reconnu comme une garantie fondamentale des droits de la défense, l'enregistrement vidéo des auditions est aujourd'hui une pratique courante dans les locaux de police. Pourtant, celle-ci est bannie du cabinet du juge d'instruction, qui reste hostile à cette mesure.

Résolution

Cette différence de traitement entre les services enquêteurs et les cabinets d'instruction ne repose sur aucune justification objective. Le principe même de l'état de droit exige que les garanties procédurales s'appliquent de manière uniforme, y compris lors des auditions menées par les magistrats instructeurs.

L'enregistrement vidéo constituerait une protection pour tous les acteurs : il permettrait de lever toute ambiguïté sur le déroulement des interrogatoires, de garantir la fidélité des retranscriptions, et d'éviter les contestations ultérieures sur les conditions de l'audition.

Les résistances à cette évolution se drapent souvent dans des argumentations fallacieuses : la solennité de la Justice serait menacée, la relation entre le juge et la personne entendue serait dénaturée... Ces craintes sont pourtant démenties par l'expérience des enregistrements vidéo en garde à vue, qui n'ont en rien altéré l'efficacité des auditions policières. Pour moderniser notre Justice pénale, il est important d'appliquer des règles de transparence qui doivent être identiques à chaque étape de la procédure.

55. Obligation du magistrat de répondre aux parties

État des lieux

Le magistrat bénéficie d'une liberté absolue dans la conduite des débats. Sans obligation de se justifier, il peut ignorer certaines questions posées par les parties, créant ainsi un déséquilibre dans le dialogue judiciaire.

Résolution

Cette méthode est largement critiquable, car elle peut mettre de côté des éléments essentiels apportés par une partie dans la compréhension d’un litige. Comment accepter qu’à notre époque, les jugements puissent encore éluder des questions juridiques ou factuelles expressément soulevées par les parties ? N'est-il pas légitime que celles-ci puissent obtenir une réponse justifiée et claire à chacun de leurs arguments ? Instaurer une obligation pour le magistrat de répondre de manière exhaustive à tous les points soulevés par les parties serait une avancée majeure vers une Justice contradictoire. Bien entendu, le juge pourrait inclure des éléments supplémentaires, mais il ne pourrait plus ignorer les questions des justiciables. Cette réforme ne limiterait en rien l'indépendance du magistrat dans son appréciation, mais l'obligerait à expliciter son raisonnement, à justifier ses choix, à rendre sa décision plus limpide et donc plus acceptable. La motivation deviendrait ainsi un véritable dialogue entre le juge et les parties, et les décisions prises reflèteraient véritablement la richesse d’un débat à double sens. La légitimité de la Justice repose sur sa capacité à répondre sans détour aux interrogations, sans en éluder aucune.

56. Harmonisation des délais d’appel

État des lieux

L'incohérence des délais d'appel dans notre système judiciaire crée une complexité inutile et dangereuse. La multiplicité des délais - 10 jours, 15 jours, un mois, deux mois - selon les procédures, génère une insécurité juridique permanente pour les justiciables et leurs conseils.

Résolution

L'harmonisation à deux mois de tous les délais d'appel s'impose comme une réforme de bon sens. Cette unification permettrait d'en finir notamment avec ces délais ultracourts, véritables embuscades procédurales, tendus pour piéger les justiciables. Ces contraintes temporelles drastiques, héritées d'une autre époque, ne correspondent plus aux réalités de la Justice moderne.

Chapitre 6

Les infractions

Savez-vous comment sont définies les infractions dans notre droit pénal ? C'est un peu comme un grand catalogue où tout serait rangé bien proprement : contraventions, délits, crimes… Pourtant, le quotidien est bien plus compliqué que ces cases toutes faites.

Prenons l'exemple d'un vol. La loi est claire : une infraction doit être la même pour tous, peu importe qui la commet. C'est le principe de l'égalité devant la loi. Mais savez-vous ce qui se passe dans la pratique de tous les jours ? Entre la définition de l'infraction dans les textes et la sanction réellement appliquée, c'est le grand écart ! C'est comme si deux mondes parallèles coexistaient : celui du code pénal, avec ses définitions précises, et celui de la réalité judiciaire, où tout devient plus obscur et vaporeux.

Et que dire de la légitime défense ? C'est le témoignage parfait du décalage entre les textes et la vie réelle. Dans la loi, elle est présentée comme un droit naturel, et dans la réalité, tout est mis en œuvre pour l'évacuer très rapidement du procès pénal. « Il faut que la personne agressée sauvagement ait de la retenue dans sa défense, de la proportionnalité, de la maîtrise de soi, bref, du bon sens juridique ! » Malheureusement, l'instantanéité des situations dangereuses ne laisse pas toujours le temps de sortir son code pénal.

Le problème est plus profond quand on parle des infractions sexuelles. Comment se fait-il qu'en 2025, on ait encore du mal à qualifier correctement ces actes ? Trop souvent, des viols sont requalifiés en agressions sexuelles, comme si on voulait minimiser leur gravité. C'est la double peine pour les victimes qui voient leur souffrance non reconnue.

La prescription soulève aussi une question. Une infraction devrait-elle disparaître simplement parce que le temps a passé ? C'est particulièrement choquant pour les victimes d'agressions sexuelles ou de violences graves. Leur traumatisme ne s'efface pas avec le temps, alors pourquoi l'infraction, elle, s'effacerait ?

N'est-il pas temps de revoir notre façon de définir et d'appréhender les infractions ? De les adapter à la réalité de notre société ? Les textes de loi devraient refléter la vraie vie, pas l'inverse, car ce sont des femmes et des hommes réels qui subissent ces infractions, pas des personnages de manuel juridique.

États des lieux et résolutions

57. Légitime défense au domicile

État des lieux

La légitime défense est un concept juridique qui autorise une personne à se défendre ou à défendre autrui en cas de menace ou d'attaque. Le domicile représente le lieu sacré de chaque individu, l'espace privé où il vit en famille, se repose, élève ses enfants et cultive son intimité à l'abri des regards extérieurs, justifiant ainsi une défense naturelle contre toute violation de ce temple.

Résolution

Il est impératif que notre maison soit un sanctuaire protégé par la loi, et que la légitime défense soit toujours présumée en cas de violation de domicile, de jour comme de nuit, par un ou plusieurs individus. Il n'est plus question pour la victime de devoir prouver sa mise en danger. Le principe doit absolument être sans ambiguïté pour les délinquants : toute personne qui rentre illégalement dans un domicile, quelles que soient ses raisons, en accepte les risques. L'occupant ne doit plus être tenu responsable de sa réaction de légitime défense, et c'est au délinquant de prouver qu'il ne constituait aucune menace.

58. Légitime défense pour les policiers

État des lieux

L'état de légitime défense des policiers français, contrairement à une idée répandue, n'est pas présumé, mais doit être démontré comme pour tout citoyen.

Même si le Code de la Sécurité Intérieure leur accorde un cadre légal spécifique pour l'usage de leur arme, ces agents doivent prouver que leur riposte était nécessaire, simultanée et proportionnée à l'agression.

Résolution

Parce que le policier protège la société, celle-ci a le devoir de le protéger en retour. Il est essentiel que le policier puisse automatiquement bénéficier de la présomption de légitime défense lorsqu'il exerce ses fonctions. Il ne doit plus systématiquement être soupçonné et traité comme un dangereux délinquant lors d'un usage de la force. Quand un policier réagit à une agression, la situation de péril imminent devrait être acquise, et c'est à son agresseur présumé de démontrer que la réaction du représentant de l'ordre était disproportionnée.

59. Légitime défense en cas de braquage

État des lieux

En cas de braquage d'un commerce, le commerçant ne peut utiliser la force que si sa vie ou celle d'une autre personne est directement menacée. En cas de riposte, celle-ci doit être proportionnée à la menace sans excéder ce qui est strictement nécessaire pour se défendre.

Résolution

Si un malfaiteur armé et menaçant entre dans un magasin, le commerçant doit automatiquement bénéficier de la légitime défense, car le braquage représente une menace mortelle et imminente. En lui octroyant ce droit, la charge de la preuve incombera au délinquant qui devra prouver que le commerçant n'était pas en danger malgré son attaque armée. Il est primordial que la loi protège les victimes et ne donne pas une permission de braquage au délinquant, qui lui, doit intégrer que ses actes peuvent lui engendrer des conséquences directes et désagréables.

60. Peine minimum de 25 ans pour le viol

État des lieux

Avec plus de 26 000 viols ou tentatives de viols en 2023, la France connaît une croissance exponentielle de ces crimes. Les victimes subissent des séquelles physiques et psychologiques dévastatrices, et font souvent face à du stress post-traumatique, à une dépression chronique et à des difficultés relationnelles durables. Pourtant, malgré cette réalité et ces chiffres alarmants, moins de 5% des violeurs sont condamnés, avec une peine moyenne de six ans de prison.

Résolution

Le viol détruit des vies et pourtant les peines actuellement prononcées sont souvent dérisoires et ridicules en réponse à ce crime. Une nouvelle réponse pénale s'impose : vingt-cinq ans de prison minimum pour tout violeur condamné. Cette peine reflète enfin la barbarie du viol, reconnaît la victime et protège la société par une mise à l'écart du délinquant sexuel.

61. Délictualiser tout acte de violence physique

État des lieux

Les violences volontaires entraînant une Incapacité Totale de Travail (ITT) inférieure à huit jours sont considérées comme de simples contraventions, banalisant ainsi les atteintes à l'intégrité physique des personnes.

Résolution

Toute atteinte physique ayant entraîné une ITT de moins de huit jours doit être requalifiée en délit, et sanctionnée par de la prison ferme, une amende et un dédommagement immédiat pour la victime.

Attenter au corps humain est inacceptable et frapper une personne n'est jamais anodin, même si les blessures semblent légères. Une gifle ou un coup de poing sont des actes qui méritent une réponse pénale ferme. Il est donc inadmissible qu'une agression volontaire, même mineure, soit traitée comme une simple contravention sous prétexte que les blessures ne soient pas assez suffisamment graves pour être considérées par la Justice. Cette reclassification en délit a plusieurs avantages : d'abord, elle donne à la personne agressée un véritable statut de victime, et ses souffrances, notamment psychologiques non mesurables en jours d'ITT, sont enfin reconnues. Ensuite, elle autorise des sanctions plus sévères qu'une simple amende de quelques dizaines d'euros. Cette réforme met en lumière le principe fondamental du respect de l'intégrité physique et de la sacralisation de l'être humain.

62. Suppression de la prescription des crimes

État des lieux

Le délai de prescription pour les crimes est de vingt ans. Cela signifie qu'après ce délai, l'auteur d'un meurtre, d'un viol ou de tout autre crime ne peut plus être poursuivi, ni jugé. L'effacement automatique d'un crime par le simple écoulement du temps constitue un déni de Justice inconcevable pour l'ensemble des victimes.

Résolution

L'abolition de la prescription criminelle s'impose comme un respect des victimes et une évolution naturelle de notre droit pénal. La douleur étant éternelle, cette prescription est une injustice pour l'ensemble des victimes, vécue au même titre qu'une censure administrative. L'argument selon lequel le temps qui passe rendrait la preuve impossible ne tient plus grâce aux techniques modernes d'investigation, et les élucidations, même très tardives, ne sont plus hors d'atteinte. Pourquoi alors maintenir une limitation artificielle qui fait obstacle à la manifestation de la vérité ?

63. Prescription de 10 ans pour les délits

État des lieux

Le délai de prescription de six ans pour les délits, comme les violences volontaires, les escroqueries ou les abus de confiance, signifie que l'auteur ne pourra plus être poursuivi après ce délai.

Résolution

Ce délai actuel de prescription est insuffisant et doit être porté à dix ans. Cette extension du délai permettrait une meilleure protection des victimes, souvent hésitantes à porter plainte, particulièrement dans les cas de harcèlement ou violences psychologiques, de chantage ou corruption. Par ailleurs, comme pour les crimes, les progrès en matière d'investigation numérique permettent aujourd'hui de rassembler des preuves même des années après les faits, et le délai rallongé donnerait aux enquêteurs le temps nécessaire pour exploiter ces nouvelles possibilités techniques.

64. Prescription de 35 ans pour les délits sexuels

État des lieux

Les délais de prescription pour les délits sexuels en France sont multiples et complexes. Étrangement, ils ne sont pas calculés uniquement à partir de la date du délit, mais également en fonction de l'âge de la victime, car la minorité ou non de la victime va influer sur le calcul de la date de prescription. Pour les majeurs, le délai de prescription est de six ans, et pour les mineurs, ce délai peut être prolongé jusqu'à trente ans à partir de leur majorité.

Résolution

Avec la multiplicité des délais de prescription, chaque victime devient un cas particulier, instaurant de fait une inégalité de traitement injustifiable entre les plaignants. L'alignement du délai de prescription à trente-cinq ans pour tous les délits sexuels, quel que soit l'âge de la victime, devient une nécessité. La Justice ne peut pas déterminer de manière arbitraire une échelle des souffrances de la victime en fonction de son âge, car la nature traumatique ne dépend pas uniquement de celui-ci.

Chapitre 7

Les magistrats

La Justice française, étant rendue « Au nom du peuple français », devrait générer une conviction profonde de responsabilité au sein de ses serviteurs, notamment chez les magistrats. Normalement. Pour garantir la Justice, il est primordial que les hommes et les femmes qui la composent soient entièrement dédiés à leur mission. De leur professionnalisme et loyauté, va naître un sentiment de Justice auprès des citoyens. On attend, à raison du magistrat, le respect de la loi, l'honnêteté, l'objectivité, l'intégrité, la neutralité, la dévotion au droit. Il suffit qu'une de ces conditions soit absente dans les jugements rendus, pour qu'un fort ressentiment d'injustice, une méfiance et une rancœur s'installent dans l'ensemble des classes sociales.

Des magistrats, on en exige le meilleur, au risque de surestimer leurs capacités et implications professionnelles. Supposés intervenir en tant qu'arbitres d'un système complexe et complexifié à volonté, ils se meuvent avec une autorité incontestée, dans un monde où la loi et l'humanité se croisent et s'affrontent.

L'accusation est fréquemment portée sur ces figures respectées, d'être déconnectées des réalités sociales, enfermées dans une tour d'ivoire bâtie uniquement sur des textes anciens et des principes rigides. La robe noire ne cache pas seulement l'identité de son porteur, mais également peut-être, sa vision propre du rôle de magistrat dans la société, quitte à laisser de côté la balance de la Justice. En outre, leur statut de fonctionnaire les rattache à un État régi par des lois qu'ils se doivent de respecter, même en cas de total désaccord. On peut très facilement concevoir que cela puisse engendrer un important dilemme intérieur pour certains. N'oublions pas qu'ils sont avant tout des humains, avec leurs problèmes domestiques, leurs humeurs, leurs égos, leurs préjugés, leurs intérêts personnels, leurs idéologies politiques ou syndicales, leur conviction d'appartenir à un corps d'élite qu'ils se doivent d'honorer.

Comme dans certains pays, les magistrats ont bénéficié, sans raison valable, d'un statut à part dans la société. L'évolution de celle-ci et le temps leur ont permis, au fil de leurs promotions internes, de créer patiemment leur propre royaume au sein même de l'État. Ils ont construit leur caste, qu'ils ont souhaitée divine, devenant ainsi les représentants exclusifs, inébranlables et intouchables d'une Justice céleste. Le verset de la Bible Romains 13:4-6 n'écrit-il pas "Le magistrat est serviteur de Dieu pour ton bien." ? Nombreux sont ceux qui ont pris ces quelques mots à la lettre, n'hésitant pas à s'affranchir de leur fonction pour laquelle ils avaient été formés. Leurs influences, pressions et relations ont permis d'aménager toute une panoplie de règles, de moyens et d'institutions collaboratives qui leur permettent, à leur gré, d'édicter, d'adapter ou de transgresser les législations successives votées par les mandataires du peuple.

En s'autoproclamant guides sociétaux et justiciers irresponsables de toutes leurs actions, ils ont outrepassé leurs prérogatives. Certains sont devenus des hommes de non-droit, parfaitement disposés à corriger dans leurs jugements la vie d'une population qu'ils ne connaissent pas, ignorants ses besoins vitaux et suppliques, prompts à tordre le bras de la réalité des faits ou à privilégier les intérêts de quelques-uns au mépris de la loi et du bien commun.

Ce royaume réel et omnipotent, où le respect de la loi n'est pas une priorité, où l'entre-soi est sévèrement protégé, où le citoyen est totalement exclu, où la contestation interne et externe est violemment réprimée, où la victime est sacrifiée au profit d'un délinquant, doit profondément être réformé.

États des lieux et résolutions

65. Suppression de l'ENM

État des lieux

L'École Nationale de la Magistrature (ENM), créée en 1958, assure depuis plus de soixante ans la formation initiale des magistrats français à travers un cursus alternant entre enseignements théoriques et stages pratiques.

Résolution

L'ENM est devenue le symbole d'une Justice coupée des réalités. Cette institution, qui forme nos magistrats, doit être supprimée pour plusieurs raisons fondamentales.

Premièrement, l'ENM crée une caste fermée sur elle-même, protégeant ses membres et ses propres intérêts. Les futurs magistrats, souvent issus des mêmes milieux sociaux, y développent une vision uniforme et opposée aux besoins de la société. Cette endogamie judiciaire produit des juges qui ne comprennent plus le quotidien des citoyens, et sont insensibles à la douleur des plaignants.

Deuxièmement, la formation proposée est trop théorique et insuffisamment pratique. Les magistrats sortent de l'ENM avec une bonne connaissance des textes, mais une méconnaissance totale du terrain. Comment juger des délits de rue quand on a peu, voire jamais mis les pieds dans un commissariat ? Comment appréhender la violence conjugale, les violences envers les enfants, sans avoir travaillé avec des associations de victimes ?

Troisièmement, l'ENM favorise une culture de déresponsabilisation judiciaire des délinquants. Les aspirants magistrats y apprennent à privilégier systématiquement les alternatives à la prison, à sous-estimer la gravité des délits, à minimiser la part de responsabilité du fautif, à ignorer la victime.

La solution ? Remplacer l'ENM par un Réseau Régional d'Écoles de Magistrature (RREM), permettant une formation plus proche des réalités du terrain et adaptée aux besoins de la société. Ces écoles proposeraient un cursus alliant une préparation universitaire spécialisée et des mises en situation intensives sur le terrain. Les étudiants suivraient un Master de magistrature, fruit d'un partenariat entre universités et tribunaux, combinant enseignements théoriques, pour un tiers du temps, et stages pratiques dans les commissariats, tribunaux, prisons, associations de victimes…

Le recrutement de magistrats se verrait profondément transformé, privilégiant des candidats plus expérimentés, plus diversifiés socialement, avec un âge minimum plus élevé et une expérience professionnelle préalable obligatoire. L'évaluation des futurs magistrats serait continue, avec une période probatoire allongée sous le tutorat de magistrats chevronnés. Cette formation décentralisée et modernisée formerait des juges plus ancrés dans la réalité, aux profils plus hétérogènes, tout en réduisant les coûts et le corporatisme actuellement critiqués.

66. Élection des magistrats

État des lieux

La nomination des magistrats dans les tribunaux relève d'une décision du Conseil Supérieur de la Magistrature qui les affecte principalement selon leur ancienneté et leurs souhaits personnels, sans réelle évaluation de leurs compétences pour le poste.

Résolution

Notre système judiciaire souffre d'un déficit démocratique majeur chez les magistrats, nommés sans aucune consultation des citoyens, créant ainsi une Justice ignorante des réalités et des attentes de la société.

La Justice doit retrouver une légitimité populaire en instaurant l'élection des magistrats par les électeurs, comme cela se pratique déjà dans d'autres démocraties. Cette réforme permettrait une solide responsabilisation des juges devant le peuple au nom duquel ils rendent leurs décisions.

Le système électoral devrait être organisé par ressort de tribunal, permettant aux citoyens de choisir leurs candidats sur la base de leur expérience, de leur vision de la Justice et de leur engagement à servir l'intérêt public. Les postulants, préalablement qualifiés par leurs diplômes et leur parcours professionnel, présenteraient leur programme judiciaire aux électeurs.

Cette élection aurait un double effet bénéfique : d'une part, elle contraindrait les magistrats à rendre des comptes sur leurs décisions et leur politique pénale ; d'autre part, elle rapprocherait la Justice des citoyens en leur donnant un pouvoir direct sur le choix de leurs juges. Les magistrats ne pourraient plus se retrancher derrière leur statut pour ignorer les préoccupations de la population.

Cette démocratisation de la Justice est l'une des clés pour restaurer la confiance entre les citoyens et leur institution judiciaire, en faisant des magistrats de véritables représentants de la communauté, responsables devant les citoyens.

67. Contrôle régional de la magistrature

État des lieux

La surveillance et le contrôle des magistrats sont exclusivement assurés par l'institution judiciaire elle-même, à travers ses propres organes (inspection de la Justice, hiérarchie, Conseil supérieur de la magistrature), créant ainsi une Justice qui s'autocontrôle et s'auto-évalue, loin du regard et des attentes de la population.

Résolution

En complément des contrôles actuels mis en place, une commission citoyenne de surveillance doit être instaurée dans chaque région pour observer et évaluer le travail des magistrats. Composée de citoyens tirés au sort sur les listes électorales, elle garantirait son indépendance par un renouvellement régulier et un mandat unique. Chaque membre recevant une formation pour exercer efficacement sa mission, effectuerait un véritable examen démocratique sur le fonctionnement local de la Justice. Cette commission aurait des pouvoirs délimités : accès aux audiences, examen des décisions rendues, vérification des délais de traitement, contrôle du respect des droits des justiciables, signalement des dysfonctionnements et retards injustifiés... Elle établirait annuellement des rapports rendus publics et proposerait des recommandations.

68. Augmentation du nombre de magistrats

État des lieux

Notre Justice croule sous le nombre de contentieux et s'asphyxie par manque de magistrats. Procureurs débordés, juges d'instruction noyés sous les dossiers, audiences surchargées, c'est le quotidien de l'action judiciaire. Cette pénurie de magistrats transforme notre Justice en une machine à expédier le traitement et l'étude des affaires. Les chiffres demeurent accablants : en comparaison avec les autres pays européens où la moyenne est de 17.3 magistrats pour 100 000 habitants, la France n'en compte que 11.3 ; le nombre de magistrats du Parquet est de 3.2 pour 100 000 habitants alors que la moyenne européenne est de 12.2. Un Procureur français gère en moyenne plus de deux mille dossiers par an, quand la moyenne européenne se situe aux alentours de deux cents dossiers. Cet engorgement constant conduit à des classements sans suite massifs, des délais d'audiencement interminables, des décisions prises dans l'urgence et sans véritable considération pour la victime.

Résolution

L'augmentation massive du volume de magistrats est une nécessité absolue, et nous devons multiplier les effectifs pour permettre un véritable traitement des plaintes, mener des enquêtes approfondies, tenir des audiences sincères où chaque dossier sera examiné avec l'attention qu'il mérite. Cette réforme a un coût financier important, mais le prix d'une Justice bâclée est bien plus élevé : victimes négligées, investigations superficielles, décisions contestables. Une Justice de qualité exige des magistrats en nombre suffisant pour crédibiliser notre état de droit.

69. Sanctionner les erreurs de jugement

État des lieux

Les magistrats jouissent d'une quasi-immunité pour les erreurs qu'ils commettent dans l'exercice de leur fonction. Leur responsabilité personnelle ne peut être engagée qu'en cas de faute lourde ou de déni de Justice caractérisé.

Résolution

Tout citoyen qui commet une ou plusieurs négligences personnelles graves dans l'exercice de sa profession engage sa responsabilité. Il ne doit pas y avoir d'exception à cette règle démocratique, et organiser une quelconque impunité du fait de sa fonction, de sa classe sociale, de son statut ou de sa naissance est illégitime. Partant de ce postulat, un juge doit être tenu pour responsable quand il viole la loi au lieu de l'appliquer, et les magistrats qui rendent des décisions cassées en appel ou en cassation doivent être traités comme tous les autres travailleurs privés ou publics. Comment peut-on tolérer qu'un professionnel de la Justice, censé maîtriser le droit, puisse commettre de graves erreurs sans subir de conséquences ? Cette situation est d'autant plus choquante que ces fautes entraînent directement des répercussions dramatiques : des innocents emprisonnés à tort, des coupables libérés par négligence, des procédures annulées, des victimes privées de Justice…

Le principe originel doit être simple : une décision cassée doit entraîner une enquête systématique sur le travail du juge. Si l'erreur relève de l'incompétence, de la négligence, de la prise de position personnelle, des sanctions disciplinaires doivent s'appliquer, car les magistrats ne peuvent pas être les seuls professionnels à échapper à toute responsabilité pour leurs fautes.

Cette responsabilisation est nécessaire pour restaurer la confiance dans la Justice, mais aussi parce que les citoyens ont le droit d'être jugés par des personnes dignes de confiance et rigoureuses.

70. Sanctionner les erreurs de procédure

État des lieux

Les magistrats ne sont pas responsables de leurs erreurs de procédure, même quand celles-ci aboutissent à l'annulation d'un dossier pénal.

Résolution

La procédure n'est pas une option, mais un des pivots d'une Justice équitable, et pourtant, les auteurs de ces irrégularités fondamentales ne sont jamais sanctionnés. Les erreurs procédurales peuvent être multiples : non-respect des délais légaux, violation des droits de la défense, écoutes illégales, dates ou signatures oubliées sur un acte… Toutes ont un impact sur un dossier pénal, allant de l'annulation d'une enquête de plusieurs années, à la remise en liberté d'un criminel. Malheureusement, on peut constater que les erreurs de procédure ne sont pas que de simples maladresses techniques, mais également le résultat de légèretés coupables qui doivent engager la responsabilité de leurs auteurs et de l'État. La rigueur procédurale doit redevenir une exigence capitale, et toute carence doit être sanctionnée.

71. Sanctionner les magistrats condamnés

État des lieux

Les magistrats, qui jugent quotidiennement la conduite et l'honnêteté des citoyens, doivent être eux-mêmes d'une probité absolue dans leur vie personnelle et professionnelle. Leur autorité morale et la confiance de la société dans l'institution judiciaire dépendent directement de leur capacité à incarner les valeurs qu'ils sont chargés de faire respecter.

Résolution

La Justice doit être rendue par des magistrats irréprochables, et un juge condamné pour violence conjugale, pour un crime ou tout autre délit, a perdu sa légitimité morale nécessaire à son activité. Comment accepter qu'un magistrat puni pénalement puisse continuer à juger ses concitoyens ? Cette situation est une insulte à l'idée même de Justice. La règle se veut absolue : toute condamnation pénale d'un magistrat doit entraîner automatiquement la perte du droit de juger, car juger est un honneur qui exige une probité totale. L'État ne peut pas octroyer le pouvoir de juger à quelqu'un qui a enfreint les lois qu'il est censé faire respecter. Il engage sa responsabilité en maintenant dans leurs fonctions des magistrats condamnés. Cette exigence n'est pas excessive, elle est le minimum que les citoyens sont en droit d'attendre.

72. Le droit de s'exprimer

État des lieux

Le principe fondamental du contradictoire et des droits des parties impose que toute juridiction doit permettre à chaque acteur de s'exprimer librement à l'audience pour présenter ses arguments, qu'il soit assisté d'un avocat ou qu'il se défende seul.

Résolution

Et pourtant. De nombreux tribunaux refusent qu'une partie puisse s'exprimer directement lors d'un procès, sous prétexte de sa représentation par un avocat. Cette pratique, beaucoup trop répandue, porte atteinte au droit fondamental d'être entendu, et la Justice ne peut pas être rendue dans le silence imposé des parties.

La liberté de s'exprimer devant ses juges est un principe intangible, et la présence d'un avocat ne doit jamais priver son client de ce droit. L'avocat conseille et défend, mais ne remplace pas la parole de son client, il la complète mais ne la confisque pas. Chaque acteur du litige doit pouvoir témoigner devant le tribunal s'il le souhaite, car la victime a le droit d'exposer sa souffrance, et le prévenu, le droit d'expliquer ses actes.

La règle suivante se veut absolue : lors d'un procès, une partie peut prendre la parole si celle-ci en fait la demande ; en cas de refus par le magistrat, cela constitue une violation de ses droits et peut caractériser un motif d'appel.

Chapitre 8

Les mineurs

Notre Justice des mineurs est devenue le symbole d'un système à bout de souffle, où l'angélisme le dispute à la lâcheté politique. Beaucoup trop de renoncements ont été accumulés dans ce seul domaine et il est l'exemple type de l'aveuglement de l'État face à la réalité de la rue. Comment en sommes-nous arrivés à tolérer qu'un mineur de 14 ans, après avoir commis des actes d'une violence extrême et répétée, puisse tranquillement rentrer chez lui avec un simple rappel à la loi ? Cette complaisance politique et judiciaire n'est plus acceptable face à une délinquance juvénile qui pulvérise tous les codes de la violence traditionnelle.

Vestige d'une époque révolue, l'excuse de minorité est devenue le bouclier derrière lequel s'abritent les délinquants mineurs parfaitement conscients de leurs actes. S'appuyant sur la faiblesse du pardon des bien-pensants, ils commettent des atrocités jamais vues depuis des centaines d'années. Il est temps d'abolir ce principe pour les crimes et délits les plus graves. Comment justifier qu'un mineur de 16 ans, auteur des pires crimes ou d'agressions réitérées, bénéficie automatiquement d'une réduction de peine de moitié ? Cette automaticité est une insulte aux victimes, une insulte à la société, et un signal désastreux envoyé à une jeunesse de plus en plus belliqueuse.

La responsabilité parentale, grande absente de notre politique pénale, doit être remise au centre du débat. Où sont les parents lorsque leurs enfants de 13 ans terrorisent des quartiers entiers ? Pourquoi les allocations familiales continuent d'être versées à des parents démissionnaires pendant que leurs enfants multiplient les actes de délinquance ? Notre système judiciaire, par sa mollesse, a contribué à déresponsabiliser des familles qui ont abandonné leur autorité.

Les dernières réformes entreprises ne sont que des pansements périmés sur une jambe de bois vermoulue, une énième tentative de masquer l'impuissance de l'État. Pendant que nos politiciens et magistrats s'évertuent à trouver des "solutions éducatives" pour des multirécidivistes, les victimes traumatisées à vie, elles, attendent toujours une Justice digne de ce nom. Certains juges des enfants, enfermés dans une idéologie dépassée, persistent à voir dans ces délinquants des "victimes de la société", là où se trouvent de véritables prédateurs urbains.

Les chiffres sont accablants : rajeunissement constant des primo-délinquants, explosion des violences gratuites, multirécidive, viols, multiplication exponentielle des agressions en réunion, assassinats, trafics de drogues, terrorisme... Et quelle est notre réponse ? Des stages de citoyenneté et des marches blanches pour les familles des victimes.

Quand aurons-nous le courage politique d'assumer qu'un mineur ultra-violent doit être traité comme tel, sans le paravent de l'excuse de minorité ? Quand oserons-nous dire que la protection de la société doit primer sur une réhabilitation qui, dans certains cas, n'est qu'un vœu pieux ? La Justice des mineurs ne peut plus être l'angle mort de notre politique pénale, sous peine d'accepter la dégradation complète de notre pacte social.

Il est temps de mettre fin à une prétendue priorité éducative qui a montré ses limites en sacrifiant la protection de la société. Il est temps de regarder la réalité en face : les politiques passées ont semé des générations de mineurs délinquants qui se moquent de notre Justice car ils savent qu'ils sont intouchables. Il est temps d'agir.

États des lieux et résolutions

73. Suppression de l'excuse de minorité

État des lieux

En cas de condamnation d'un mineur, l'excuse de minorité impose automatiquement une réduction de moitié des peines encourues pour tout mineur. Pour les mineurs âgés de plus de 16 ans, l'excuse de minorité peut être ôtée par le magistrat dans les cas les plus « graves ». Ce fut le cas deux fois depuis 1945…

Résolution

Cette protection mécanique ne correspond plus à la réalité du terrain. Souvent ultraviolents, parfaitement structurés et sans respect pour la vie, les auteurs mineurs doivent répondre de leurs actes selon la même échelle des peines que les majeurs. Vestige d'une conception dépassée et limée de la délinquance juvénile, l'excuse de minorité doit être écartée d'office pour tous les crimes, tous les délits commis en bande organisée, et pour tout délit commis par un individu seul mais dont la peine encourue est supérieure à trois mois. La récidive entraînerait également la perte de cette protection légale, marquant la volonté de sanctionner plus fermement l'obstination dans la criminalité.

Cette sévérité renforcée concerne plus particulièrement les délits perpétrés en groupe, car la dynamique de celui-ci, loin d'être une circonstance atténuante, révèle au contraire une préméditation et une préparation qui justifient une répression accrue.

La suppression de l'excuse de minorité pour certains actes ne signifie pas abandonner les principes d'éducation et de protection de l'enfance, mais traduit à l'inverse une prise en compte réaliste de l'évolution de la délinquance juvénile, et de la nécessité d'y apporter une réponse adaptée. La minorité ne peut plus constituer un bouclier derrière lequel s'abritent des délinquants pleinement conscients de leurs méfaits.

74. Responsabilité pénale des mineurs entre 10 et 13 ans

État des lieux

La présente loi instaure une présomption irréfragable de non-discernement pour les mineurs de moins de 13 ans, ce qui signifie qu'ils ne peuvent en aucun cas faire l'objet de poursuites pénales, même s'ils commettent des actes graves.

Résolution

Le non-discernement systématique crée une zone d'impunité préoccupante en raison de la délinquance des très jeunes mineurs, nécessitant une réponse adaptée et rapide. Pour les mineurs de 10 à 13 ans ayant commis des crimes et délits dont les peines encourues sont supérieures à trois mois, ou accomplis en bande organisée, le non-discernement doit être suspendu sans exception. Dans les cas les plus graves, cette disposition permettrait d'entamer des poursuites pénales contre des mineurs âgés de 10 à 13 ans dont la dangerosité s'est manifestée lors de la commission des actes. Cette réforme s'accompagnerait nécessairement d'un encadrement strict : expertise psychiatrique obligatoire, collégialité de la décision, mesures éducatives spécifiques.

75. Responsabilité pénale des parents

État des lieux

Les parents d'un mineur délinquant sont civilement responsables des dommages causés par leur enfant et peuvent être condamnés à les réparer financièrement, mais ils ne sont pas tenus responsables pénalement.

Résolution

L'implication parentale dans le processus judiciaire doit dépasser la simple responsabilité civile. Pour devenir un élément central du traitement de la délinquance juvénile, il est nécessaire de mettre en place une série de mesures pour responsabiliser les parents.

La première mesure serait l'instauration d'une amende minimum et systématique qui permettrait de sanctionner les manquements éducatifs ayant abouti à la délinquance de leur enfant.

La deuxième mesure consisterait à une suspension automatique des allocations familiales pendant toute la durée de détention du mineur. Cela contraindrait les parents à participer financièrement aux frais de placement.

La troisième mesure viserait tous les parents de mineur de plus de sept ans ayant commis une infraction : les parents auraient l'obligation de suivre un stage parental dès la première infraction, permettant une prise de conscience immédiate des devoirs parentaux.

Enfin, la quatrième mesure instituerait une infraction pénale à l'encontre des parents dont l'enfant mineur commet un délit en récidive. Ainsi, tout parent dont l'enfant mineur est reconnu coupable pour la deuxième fois d'une infraction pénale, serait tenu responsable pénalement pour mise en péril de sa progéniture, et serait passible d'une peine de sept jours d'emprisonnement ainsi que d'une amende de mille euros.

76. La célérité de la Justice des mineurs

État des lieux

La Justice pénale des mineurs prévoit actuellement deux temps judiciaires distincts : une audience sur la culpabilité dans un délai de trois mois après l'interpellation, puis une audience de prononcé de la peine qui peut intervenir jusqu'à neuf mois plus tard, créant ainsi une procédure pouvant s'étendre sur près d'une année. Les délais actuels affaiblissent considérablement l'efficacité de la réponse pénale et nient la nécessité d'une intervention rapide face à la délinquance juvénile.

Résolution

L'instauration d'une comparution dans les dix jours suivant l'interpellation s'impose comme une nécessité absolue pour restaurer l'autorité de la Justice. Cette audience rapide et unique, statuant simultanément sur la culpabilité et la peine, engendrerait une réponse judiciaire immédiate et cohérente. La suppression du délai entre le jugement de culpabilité et le prononcé de la peine mettrait fin à cette fiction juridique qui prétend évaluer l'évolution du mineur sur quelques mois, alors que cette tranche de temps se transforme souvent en période d'impunité propice à la récidive.

Les parents ou les représentants légaux seraient convoqués sans délai pour assister leur enfant face à la juridiction, garantissant ainsi l'exercice effectif de l'autorité parentale jusqu'au terme de la procédure. Le recours aux expertises psychologiques, fréquemment source de retards conséquents, s'effectuerait selon un dispositif d'urgence durant la phase de garde à vue ou de retenue.

Cette célérité retrouvée de la Justice des mineurs renforcerait considérablement la portée éducative de la sanction, en établissant un lien direct entre l'acte et sa conséquence judiciaire, et permettrait également une meilleure protection de la société en évitant ces périodes de latence où le mineur, dans l'attente de son jugement, peut poursuivre ses activités délictuelles.

77. La graduation des sanctions

État des lieux

Pour les mineurs délinquants, le système français ne prévoit aucune graduation systématique et cohérente des sanctions selon la gravité des actes et leur répétition, laissant aux juges une liberté totale d'appréciation qui conduit parfois à des réponses pénales inadaptées, généralement très clémentes.

Résolution

La réponse pénale aux actes de délinquance juvénile exige une graduation claire et structurée. L'actuelle diversité des options d'aménagement, en offrant une très grande souplesse, crée en réalité une confusion préjudiciable à l'efficacité de la sanction. La mise en place dans chaque région, voire département, d'un système à trois niveaux d'établissements fermés, apporterait la clarté nécessaire. Les délits sanctionnés d'une peine inférieure à deux mois entraîneraient un placement immédiat en Centre de Redressement Éducatif Renforcé (CRER), établissement fermé combinant discipline stricte et encadrement éducatif intensif. Cette première sanction marquerait une rupture définitive avec l'environnement délictuel du mineur. Les infractions supérieures à deux mois conduiraient automatiquement le délinquant vers un Centre Pénitentiaire Disciplinaire pour Mineurs (CPDM), structure à sécurité élevée où le régime de détention progressif serait établi sur le mérite et le respect strict des règles. Quant aux auteurs de crimes, ils seraient immédiatement incarcérés dans des Unités Pénitentiaires pour Mineurs Dangereux (UPMD), établissements de haute sécurité spécialement conçus pour les mineurs présentant une dangerosité avérée, avec un protocole de détention renforcé et un isolement strict.

Cette classification pénitentiaire exclurait tout aménagement de peine de la sanction prononcée, et les programmes éducatifs de réinsertion seraient obligatoires, leur non-respect entraînant un placement automatique dans un régime plus sévère. Cette graduation implacable des sanctions, associée à des établissements adaptés pour chaque degré de délinquance, garantirait sans aucun doute une réponse pénale prompte et proportionnée à la singularité des actes commis.

Chapitre 9

Le respect de la loi

Une application égale et universelle de la loi est un principe fondamental pour garantir l'équité des décisions judiciaires. Appliquer la loi n'est pas chose aisée, surtout quand celle-ci est floue et mal délimitée. Il est crucial que le législateur détermine le périmètre de la loi, et sa responsabilité doit être engagée lorsque de multiples interprétations sont possibles.

Le juge étant au centre de notre système judiciaire, il se doit d'assurer une impartiale et uniforme application de la loi sur l'ensemble du territoire. Mais force est de constater que beaucoup trop de largesses ont été accordées aux magistrats dans ce domaine. Aujourd'hui, il est admis que, même si une loi est claire et ne peut pas être interprétée de différentes manières, il n'est pas garanti qu'elle soit appliquée de manière identique pour tous les citoyens.

Influencés par leurs propres opinions, expériences ou implications personnelles, et bien qu'ils soient censés être des arbitres neutres, les juges interprètent trop souvent subjectivement la loi et ne l'appliquent pas comme établie au Parlement. Un magistrat aura toujours son point de vue partial des litiges, et prescrira son intime définition du champ

applicatif législatif, même si en définitive sa perception se révèle totalement erronée.
Ces multiples dérives d'interprétation de la loi conduisent à sa totale incohérence, et à son éclatement dans sa forme originelle.

Il en résulte que la Justice française est rendue de façon trop divergente, et la présence du magistrat n'est plus une garantie d'uniformité et de loyauté à la loi. Attention, il n'est pas question ici de noircir le tableau et de systématiser cet état de fait. Comme dans la vie quotidienne, cela va dépendre de la personne sur laquelle vous tombez. Soit vous êtes face à un magistrat scrupuleux du droit et attentif aux parties, soit vous êtes face à un magistrat qui va accommoder le droit à sa guise, sans obligation de se justifier ou de motiver ses choix, donnant ainsi un nouveau sens à la loi. Dans ce dernier cas, le magistrat n'est plus un arbitre censé appliquer la loi, mais devient une partie dans le litige, au même titre que la victime ou la défense, et va aménager la loi comme bon lui semble et l'imposer dans sa décision.

Finalement, l'antinomie des jugements crée inévitablement des conflits ouverts et des rancunes larvées. La Justice devenant aussi sûre qu'une prédiction météo sur les prochains mois, tout naturellement un effet de suspicion naît et s'empare des justiciables et des citoyens. Ces fluctuations d'appréciations juridiques vont assurément miner la confiance de la population dans un système judiciaire perçu alors comme aléatoire, injuste et discriminatoire.

Le sentiment réel d'avoir été les victimes d'un détournement de la loi va fonder les parties à faire appel des décisions qu'elles jugent iniques, augmentant ainsi le fardeau des instances supérieures. Beaucoup trop nombreux sont les jugements cassés par les Cours d'Appel et Cour de Cassation, remettant en cause directement les jugements en droit. Ceci nous confirmant le passage d'un système d'objectivité commune d'application de la loi, à une interprétation et application personnelles de celle-ci.

États des lieux et résolutions

78. Création de la Cour de Cassation régionale

État des lieux

La Cour de Cassation, plus haute juridiction de l'ordre judiciaire français, assure l'unification de l'interprétation de la loi et garantit la sécurité juridique en veillant à la bonne application des règles de droit par les juridictions du fond. La centralisation de la Cour de Cassation à Paris crée une Justice lointaine de la réalité des besoins des justiciables. Un pourvoi en cassation signifie des années d'attente, des situations juridiques incertaines et temporaires, des frais d'avocats très importants. La juridiction suprême, submergée et même engloutie par des milliers de pourvois annuels, ne peut plus assurer sa mission.

Résolution

Pour changer radicalement le fonctionnement de notre Justice, notre système judiciaire a besoin d'une évolution : la création de Cours de Cassation régionales. Ces Cours régionales auraient deux missions novatrices : la régionalisation du contrôle de cassation constituerait la première innovation. Ce contrôle permettrait à la Cour régionale de recevoir et traiter tous les recours en cassation de son ressort géographique. La seconde innovation capitale consisterait à vérifier, préventivement et automatiquement, la légalité en droit de tous les jugements de son ressort, avant qu'ils soient rendus définitifs.

La mise en place de cette double réforme jouerait un rôle clé dans la rapidité et la fiabilité de la Justice.

La Cour de Cassation de Paris ne disparaîtrait pas, mais se concentrerait sur sa vocation essentielle : harmoniser la jurisprudence nationale et trancher les questions juridiques majeures. Elle serait débarrassée de milliers de dossiers pris en charge de manière rapide et efficace au niveau régional.

79. Une jurisprudence officielle

État des lieux

Contrairement aux pays de Common Law où les juges sont tenus de suivre les précédents jurisprudentiels selon la règle du "stare decisis" (règle du précédent), le système juridique français ne reconnaît aucune force contraignante à la jurisprudence. Les juges du fond conservent leur totale indépendance d'appréciation dans l'interprétation et l'application du droit.

De ce constat, notre Justice souffre indéniablement d'une incohérence majeure : un même fait peut être jugé de manière extrêmement différente selon les magistrats, selon les situations personnelles des parties, selon des paramètres qui resteront à jamais inconnus pour le commun des mortels. Tout ceci met en place une véritable incertitude judiciaire, créant une inconstance des jugements et un doute permanent sur l'efficacité et l'application de nos lois.

Résolution

Pour régler cette incertitude judiciaire, la solution réside dans l'instauration de la règle du précédent, avec un principe très simple : lorsqu'une juridiction supérieure a tranché un litige, le même jugement doit être imposé à tous les tribunaux pour des affaires similaires, et il ne sera plus possible de voir un vol sévèrement puni à Lyon, mais légèrement condamné à Marseille.

Cette règle du précédent apporterait trois avantages majeurs. D'abord, une égalité réelle et totale des justiciables devant la Justice : les mêmes faits apportent les mêmes décisions judiciaires, partout en France. Ensuite, une accélération des procédures : les juges appliquent une sentence déjà validée par des juridictions plus élevées et légitimes. Enfin, une prévisibilité des jugements qui permettrait aux avocats de mieux conseiller leurs clients.

En cas de non-respect de cette règle par le magistrat, celui-ci serait sanctionné réellement et la responsabilité de l'État serait engagée.
La jurisprudence deviendrait ainsi une véritable source de droit, claire et contraignante. C'est le prix d'une Justice cohérente et équitable sur tout le territoire.

Chapitre 10

Instruction des dossiers

En France, un juge d'instruction dirige et contrôle les enquêtes criminelles les plus graves ou les plus sensibles. Ce magistrat détient et monopolise de considérables prérogatives : il mène les interrogatoires, ordonne les perquisitions, décide des expertises, lance des commissions rogatoires... Rien ne lui échappe. Prenons l'exemple d'un navire sur lequel un unique individu serait en même temps capitaine, pilote, mécanicien, contrôleur et mousse. Cette concentration des pouvoirs entre les mains d'une seule personne soulève une question, surtout dans des affaires difficiles qui demanderaient peut-être une approche plus élargie.

Les affaires criminelles exigent pourtant des compétences très spécifiques. Comment un même juge pourrait-il maîtriser aussi bien les rouages d'un meurtre complexe que les subtilités d'une petite fraude financière ? La criminalité moderne requiert une spécialisation, comme un médecin qui se perfectionne en cardiologie ou en neurologie.

Un autre problème notable de notre système judiciaire apparaît lorsqu'une plainte est classée sans suite par le Procureur de la République. Avec beaucoup de chance, le plaignant reçoit une simple lettre type, un formulaire standardisé qui ne dit rien des investigations opérées - quand il y en a eu. Car bien souvent, aucune enquête avérée n'a été menée. Cette situation ressemble à un verrou qui bloquerait l'accès à la Justice. Les citoyens devraient pouvoir déclencher eux-mêmes des poursuites quand leurs plaintes sont écartées d'un revers de main, sans véritable examen ni justification sérieuse.

Les acteurs d'une procédure pénale - victimes, mis en cause - naviguent souvent à l'aveugle. L'information leur arrive au compte-gouttes, quand elle leur arrive. Cette opacité crée de la frustration et de la méfiance. Comment faire confiance à un dispositif judiciaire qui vous laisse dans l'ignorance de votre propre affaire ?

Notre système d'instruction, conçu à une autre époque, montre ses faiblesses face aux défis du monde moderne. Les réseaux criminels évoluent, les technologies changent, mais nos procédures restent figées dans le passé. N'est-il pas temps de moderniser l'instruction pour la rendre plus efficace et transparente ?

États des lieux et résolutions

80. Le juge de L'instruction

État des lieux

L'institution du juge d'instruction, créée en 1808, est le stigmate d'une conception dépassée de la procédure pénale, et symbolise à lui seul l'anachronisme de notre système dans l'Europe judiciaire moderne. Alors que l'Allemagne, l'Italie, le Portugal, les Pays-Bas l'ont abandonnée depuis longtemps et ont opté pour une organisation plus efficace menée par le Procureur sous le contrôle d'un magistrat, la France refuse toute idée d'évolution des fonctions de ce magistrat.

Résolution

Le juge d'instruction a cette image tenace et justifiée du magistrat « tout-puissant », seul maître à bord de l'instruction. Ceci appartient à une optique archaïque de la Justice, où un homme isolé peut décider de l'inclinaison de l'enquête et imposer sa vision des affaires. Le moment ne serait-il pas venu de revoir en profondeur le rôle du juge d'instruction dans notre procédure pénale ? Comment valider qu'en 2025, ce juge continue d'être en même temps directeur d'enquête, investigateur, instructeur à charge et à décharge, coordinateur des experts… ?

La transformation du juge d'instruction en véritable juge de **L**'instruction marquerait un tournant majeur vers une Justice plus équilibrée. Il ne devrait plus instruire directement, mais superviser, arbitrer et garantir la régularité des opérations. Il pourrait ainsi devenir le véritable régulateur, garant des droits de chaque partie, et se concentrer sur son rôle juridictionnel : trancher les contentieux de l'instruction, autoriser les actes attentatoires aux libertés, veiller au respect du contradictoire… Cette réforme affirmerait une séparation claire des fonctions : aux enquêteurs la responsabilité des investigations, au Parquet la direction de l'enquête, au juge de l'instruction le contrôle de la conformité des actes et la protection des libertés fondamentales.

Ce changement radical de paradigme nous conduirait vers une Justice pénale plus ancrée dans la modernité, plus rationnelle, où tous les acteurs, bons ou mauvais, jouent pleinement leurs missions sans aucune confusion entre les genres.

81. Une instruction à deux magistrats

État des lieux

Un juge d'instruction reste avant tout un être humain, seul dans son bureau face à des décisions impactantes qui peuvent détruire des vies ou laisser des criminels en liberté, travaillant dans une solitude pesante sans pouvoir partager ses doutes ou confronter son analyse avec d'autres magistrats, alors que la Justice devrait être une œuvre collective.

Résolution

Le fait de confier une instruction criminelle à un seul magistrat donne à celui-ci un pouvoir excessif, sans véritable contrôle. Car dans ses décisions quotidiennes, il peut être influencé par ses préjugés, ses convictions personnelles, sa conception très subjective du dossier, sa volonté d'instruire à charge ou à décharge uniquement. La présence d'un second magistrat instructeur est indispensable pour apporter un regard croisé sur l'enquête et un débat contradictoire permanent sur les actes d'instruction. Cette collégialité aurait des avantages concrets : les décisions importantes (mise en examen…) seraient prises à deux, limitant les risques d'erreur ou d'arbitraire ; les auditions menées en duo autoriseraient une meilleure appréciation des déclarations ; les investigations étudiées après discussion ; les absences, congés ou mutations de l'un des juges ne paralyseraient en rien l'instruction. L'instruction à deux juges garantit une Justice plus professionnelle, objective et efficace.

82. Compétence criminelle du juge d’instruction

État des lieux

Le juge d'instruction intervient uniquement dans une infime part des affaires pénales, principalement sur des crimes et délits complexes qui exigent des investigations approfondies.

On estime à moins de 5% les affaires traitées par ce magistrat, et pourtant on observe un engorgement chronique de l’instruction au quotidien. Ce constat peut s'expliquer, par exemple, par le fonctionnement de la procédure d'appel des classements sans suite prononcés par le Procureur. En effet, pour contester un classement sans suite, souvent déclenché très rapidement, il est permis de se constituer partie civile devant le juge d'instruction. Celui-ci devra instruire le dossier, quel que soit le litige : délit, problème de voisinage, insulte… Toutes ces « petites affaires », qui ne vont bénéficier d’aucun intérêt de la part du magistrat instructeur, non seulement vont créer un embouteillage permanent dans l’instruction des dossiers, mais aboutiront dans la quasi-totalité des cas, à une ordonnance de non-lieu, et bien souvent à une amende pour la partie plaignante, ou l’art de punir les victimes.

Résolution

Le périmètre d'intervention du juge d'instruction doit être restreint aux crimes. Par leur gravité dans l’échelle des infractions, ceux-ci méritent toute l'attention et l'expertise de ces magistrats spécialisés. Les affaires correctionnelles peuvent être traitées efficacement par le Parquet, sous certaines conditions définies par la loi.

Cette réforme donnerait l'opportunité aux juges d'instruction de se concentrer pleinement sur les dossiers les plus importants, ceux qui justifient véritablement la mise en œuvre de leurs pouvoirs d'investigation exceptionnels.

83. Création du Bureau d'Enquête Citoyenne

État des lieux

Le Procureur de la République, détenteur du monopole du déclenchement de l'action publique, décide seul et de façon indépendante de l'engagement des poursuites.

Résolution

L'indépendance du Procureur de la République n'est qu'une façade. Nommé par le garde des Sceaux, soumis aux directives du ministère de la Justice, le Procureur de la République reste un magistrat sous influence qui peut être tenté d'enterrer certains dossiers sensibles, ou jugés non prioritaires, privilégier des enquêtes, ou engager très rapidement un classement sans suite.

Donner aux citoyens la possibilité d'examiner à nouveau, en toute indépendance politique ou hiérarchique, une affaire classée sans suite ou mise de côté, est une réforme nécessaire.

Cette faculté démocratique serait formalisée par une structure, nommée ici le Bureau des Enquêtes Citoyennes (BEC), et dirigée par un collège de cinq membres, composé de deux magistrats et trois citoyens tirés au sort sur les listes électorales. Pour assurer une véritable proximité locale, il serait implanté dans chaque département avec des enquêteurs recrutés parmi les policiers, gendarmes et experts. La liberté d'action serait garantie par un mandat unique non renouvelable de six ans.

La saisine du BEC serait ouverte à tout citoyen, et pour éviter les abus, des sanctions se verraient appliquées pour les recours manifestement infondés.

Le BEC aurait le pouvoir de rouvrir toute enquête classée sans suite, sur simple demande d'une des parties, et d'obliger le Procureur à justifier ses décisions. En cas de désaccord sur la nature et l'opportunité du classement sans suite, le BEC pourrait reprendre l'enquête de manière indépendante.

Sous contrôle des magistrats, les pouvoirs du BEC seraient analogues à ceux du Parquet : il pourrait enquêter, mener des perquisitions, procéder à des saisies, auditionner sous serment, ordonner des expertises, convoquer tout témoin indispensable à l'enquête, avoir accès aux fichiers de police. Le BEC serait tenu de répondre de manière motivée dans un délai maximum de quatre-vingt-dix jours. Disposant d'un budget propre, ses enquêteurs bénéficieraient d'une protection spéciale pour mener leurs investigations en toute indépendance. Enfin, pour ne pas être une institution muette, le BEC publierait un rapport semestriel de son activité et serait audité par une commission parlementaire.

Le BEC constituerait un véritable contre-pouvoir citoyen face au monopole du Parquet sur les enquêtes pénales, limitant ainsi les risques d'arbitraire dans le traitement des affaires.

84. Le droit à l'information

État des lieux

Selon la loi, le juge d'instruction doit informer les parties de l'avancement du dossier pendant toute la durée de son instruction.

Résolution

Malgré une obligation théorique d'informer la victime tous les six mois, rarement tenue car non constitutive d'une faute du magistrat, le silence prolongé d'un juge d'instruction est une violence envers les parties. Comment accepter qu'une victime ou un mis en examen reste des mois sans nouvelles de leur dossier ?

Cette pratique discrétionnaire, injustifiable et irrespectueuse, doit être réformée par la mise en place d'un nouveau droit à l'information pour les parties. Tous les trois mois, le juge d'instruction doit obligatoirement et officiellement informer les parties de l'avancement de l'enquête. Un contrôle de cette communication doit être réalisé par la hiérarchie et une instance indépendante. Si le magistrat enfreint cette règle, il devra automatiquement être sanctionné et démis du dossier. Un nouveau magistrat instructeur devra être proposé aux parties sans délai.

Le droit à l'information est une obligation et non une faveur.

85. Expertises privées et instruction

État des lieux

Le juge d'instruction dispose aujourd'hui du pouvoir discrétionnaire d'accepter ou de refuser les demandes d'actes sollicitées par les parties, et en cas de refus, sa décision ne peut être contestée que devant la Chambre de l'Instruction.

Résolution

Une amélioration majeure de notre procédure pénale consisterait à donner la faculté aux parties de mener leurs propres examens, afin de les intégrer obligatoirement au dossier d'instruction. Ces actes d'investigation, établis sous la forme d'expertises officiées par des spécialistes reconnus auprès de la Cour d'Appel, pourraient faire valoir les arguments techniques et factuels des parties. Cette évolution réaffirmerait le caractère contradictoire de la procédure, tout en rééquilibrant la relation entre le juge et les parties, et garantirait un enrichissement de points de vue alternatifs et pertinents dans la recherche de la vérité, qui ne serait plus l'apanage du magistrat instructeur.

Chapitre 11

La défense

Le droit de se défendre face à ses accusateurs constitue l'un des piliers de toute démocratie. Chaque partie, quelles que soient les accusations portées contre elle, doit pouvoir présenter sa défense dans les meilleures conditions possibles. Ce principe, acquis depuis 1789, représente la base d'une Justice équitable.

Cela étant dit, dans la pratique, notre modèle de défense montre ses limites. Les avocats, premiers garants de ce droit fondamental, évoluent dans un cadre qui ne répond plus aux exigences de notre époque. Leur formation, leur contrôle, leur organisation méritent une profonde rénovation pour garantir une défense de qualité aux citoyens. Les dysfonctionnements sont nombreux. Prenons l'exemple du bâtonnier de l'ordre des avocats : comment peut-il être en même temps juge et partie ? En tant que représentant des avocats, il est explicitement impliqué, et pourtant c'est lui qui juge les litiges entre les avocats et leurs clients. Cette confusion des rôles nuit à l'impartialité nécessaire à toute Justice.

La complexité croissante du droit exige une évolution des pratiques. Comment imaginer qu'un même défenseur puisse parfaitement maîtriser tous les domaines juridiques ? Notre ère moderne demande une expertise, une connaissance approfondie de chaque spécialité. Le temps du savoir universel est révolu, y compris dans l'univers juridique.

Les parties ont aussi besoin de transparence et de garanties de leur conseil, et de nombreux outils numériques contemporains pourraient procurer un meilleur accès aux informations essentielles sur leur défense. Cette modernisation nécessaire renforcerait la confiance entre les acteurs.

Plus largement, notre système n'a jamais réussi à mettre en place une défense solide et fiable pour les justiciables. La qualité de la défense reste trop aléatoire, souvent dépendante du hasard ou des moyens financiers. Cette situation fragilise l'ensemble de notre Justice et remet en question le principe même d'égalité devant la loi.

États des lieux et résolutions

86. Suppression du droit de juger du bâtonnier

État des lieux

Alors que le principe constitutionnel de séparation des pouvoirs réserve la fonction de juger aux magistrats professionnels, le bâtonnier, simple avocat élu par ses pairs, dispose paradoxalement du pouvoir de trancher des litiges entre avocats et clients, créant ainsi une juridiction d'exception contestable dans son principe même.

Résolution

La possibilité pour un bâtonnier, représentant et défenseur de sa profession, de juger d'un conflit entre un avocat et son client, est une aberration juridique à supprimer. Le bâtonnier ne peut pas être en même temps celui qui défend sa profession et un juge équitable dans des affaires qui concernent ses propres intérêts.

Quelles sont les garanties d'impartialité fournies par le bâtonnier dans le règlement de ce genre de conflit ? Aucune. Cette pratique se traduit fréquemment par une Justice corporatiste, où l'issue des litiges est trop souvent au détriment des clients.

87. La spécialisation des avocats.

État des lieux.

Un avocat peut actuellement plaider dans tous les domaines du droit, des plus simples aux plus complexes, comme le droit pénal des affaires ou le droit fiscal international. Il n'a pas besoin de justifier de formation pointue, ni d'expertise particulière dans ces matières, engendrant ainsi un véritable risque pour les clients.

Résolution

Dans un litige, la défense des intérêts des parties est essentielle, et celles-ci attendent de leur conseil, non seulement un parfait investissement personnel, mais encore une connaissance approfondie du domaine litigieux en cause. La complexification croissante du droit rend totalement illusoire la maîtrise de toutes ses branches. Partant du principe qu'aucun individu ne peut être expert dans toutes les matières, l'époque de l'avocat omnicompétent et capable d’intervenir pour tout type de litige, doit céder la place à une pratique plus professionnelle, responsable et sincère. L’approche généraliste expose les justiciables à des risques d'erreurs ou d'approximations préjudiciables : quelle confiance peut-on accorder dans la compétence d'un avocat qui défend le lundi une affaire pénale, le jour suivant un dossier fiscal épineux et une procédure en droit de la construction ?

La spécialisation obligatoire des avocats s'impose comme un prérequis pour garantir une défense de qualité. Cette réforme implique une refonte de la formation des avocats avec la création de diplômes de spécialité pour chaque matière, et de processus méticuleux de validation, régulièrement actualisés pour tenir compte des évolutions juridiques. La spécialisation deviendrait la norme et non l'exception.

88. Création de la charte des devoirs des avocats.

État des lieux.

Dans la relation entre un avocat et son client, il existe un déséquilibre frappant concernant les obligations mutuelles de loyauté. Alors que le client est tenu d'être transparent avec son avocat, ce dernier n'est soumis à aucune obligation réciproque formalisée dans un contrat de confiance, laissant ainsi le client dans une position de vulnérabilité face aux éventuels manquements ou erreurs de son conseil.

Résolution

Pour assurer une réciprocité équitable entre l'avocat et le client, il est impératif d'établir une charte détaillée et contraignante qui encadre leurs échanges. Cette charte doit être acceptée expressément par le client avant tout engagement et doit garantir ses droits fondamentaux sur la base de principes mis en avant.

Le premier principe essentiel est la liberté absolue de changer d'avocat, sans frais supplémentaires ni justifications. Le client ne peut pas être prisonnier d'une relation qui ne lui convient plus.

Le deuxième principe est la transparence : l'avocat doit informer son client de façon précise et écrite, de toutes les options possibles dans la résolution du litige, avec les avantages et les risques encourus, afin d'éviter des stratégies hasardeuses lancées sans cohérence.

Enfin, la vérité doit être au cœur de cette relation : l'avocat et le client doivent s'engager par écrit à ne jamais mentir, car la défense des intérêts d'une partie ne peut pas se construire sur des mensonges.

89. Création du dossier informatisé des avocats

État des lieux

L'opacité règne dans les relations entre l'avocat et son client, entraînant trop souvent des incompréhensions déclenchant parfois des litiges. En état de faiblesse et de dépendance, le client est perdu dans les démarches judiciaires, ignorant souvent les initiatives précises entamées par son conseil, et ne disposant pas des moyens de contrôle de son activité.

Résolution

Pour rendre les interactions plus simples entre un client et son avocat, il est essentiel que ce dernier mette en place un espace numérique sécurisé pour la gestion de leurs relations. Le client doit pouvoir vérifier à tout moment l'état d'avancement de sa procédure, les actions entreprises, les courriers envoyés, les réponses obtenues, les jugements délivrés, le contrôle des délais. Ainsi, le dossier numérique permettrait une traçabilité totale, et protégerait les deux parties : le client suivrait son dossier en temps réel, et l'avocat pourrait prouver le travail effectué et justifier ses honoraires. Les contentieux sur l'information du client ou sur la diligence de l'avocat seraient considérablement réduits.

90. Représentation libre devant une juridiction

État des lieux

Devant la quasi-totalité des juridictions, la représentation par un avocat est obligatoire. Ceci créant de fait une barrière financière à l'accès à la Justice, tout en niant la capacité des citoyens à défendre eux-mêmes leurs propres intérêts.

Résolution

La liberté des parties d'élaborer leur défense est un droit absolu qu'il faut rétablir. Chaque justiciable doit pouvoir organiser librement sa défense devant une juridiction civile, pénale, commerciale ou administrative. Aucune représentation par avocat ne peut lui être imposée. Le magistrat, garant de l'équité des débats et censé assurer une égalité de traitement absolue entre tous les justiciables, se doit d'accorder une identique attention aux arguments des parties, qu'elles soient représentées par un avocat ou directement par le justiciable lui-même. La « qualité » de la Justice n'est pas conditionnée ou tributaire du mode de représentation choisi.

Chapitre 12

Prévention et information

L'accès à l'information juridique et la prévention en matière de droit pénal, civil, commercial et autres constituent des enjeux majeurs pour les citoyens. Pourtant, force est de constater avec consternation, qu'il existe un déficit significatif dans ce domaine, tant au niveau local que national. L'État et les collectivités territoriales peinent à mettre en exercice une simple stratégie cohérente et efficace, laissant de fait les citoyens en parfaite carence de connaissances ou ressources sur le fonctionnement concret de notre Justice. Cette situation est particulièrement préoccupante car elle conduit à un sentiment d'impuissance et de défiance envers les institutions.

Si nous observons, par exemple, la « banale » prévention des mineurs, et alors qu'elle représente un enjeu crucial, sa prise en compte par nos instances dirigeantes est insuffisante. À l'heure où la délinquance juvénile explose dans toutes les activités criminelles, il est impératif de renforcer les actions de sensibilisation dans les établissements scolaires et les nombreuses structures d'accueil de la jeunesse. Les interventions de professionnels du droit, de la police ou de la gendarmerie restent trop sporadiques et manquent de régularité.

Au niveau local, les communes, qui constituent pourtant le premier échelon de proximité avec les citoyens, ne s'investissent que rarement dans un rôle de vulgarisation du droit. Extrêmement rares sont celles qui organisent régulièrement des actions de sensibilisation juridique.

Le ministère de la Justice, quant à lui, peine à moderniser sa communication pour rendre accessible son cœur de métier. Il suffit de visiter son site internet pour se donner une idée globale du niveau actuel : la composition graphique est antédiluvienne, les informations disponibles sont alambiquées et partielles, peu intelligibles pour le citoyen lambda, et les outils numériques demeurent absents ou sous-exploités. Un vrai site de l'an 2000 !

Par extension, l'absence de données, actualisées régulièrement sur la criminalité, constitue un obstacle majeur à une politique efficace. Malgré la multiplication des bases de données, des services web, des avancées technologiques, et de la puissance de l'IA, les chiffres clés de la Justice ne sont publiés qu'une seule fois par an… Un esprit chagrin ou rebelle, voire retors, pourrait s'imaginer qu'un complot viserait à les cacher…

----

91. Prévention du primaire au lycée

État des lieux

L'extrême faiblesse du nombre de campagnes de prévention en milieu scolaire alimente une insuffisance chronique dans la connaissance des règles pénales applicables.

Résolution

La prévention ne peut plus être un paramètre optionnel, mais doit constituer un engagement fort de l'État et des collectivités. Parce que notre avenir se prépare dès aujourd'hui, elle doit devenir une obligation pluriannuelle dans tous les établissements scolaires, du primaire au lycée. Dispensée par la police ou la gendarmerie dans chaque classe, et adaptée à l'âge des élèves, elle aura pour but d'expliquer ce qui est permis ou interdit par la loi.

Pour les interventions en primaire, l'accent serait mis sur les règles de base de la vie en société, le respect d'autrui ; au collège, sur les questions de violence, de vol, de harcèlement ; au lycée, sur les délits plus graves, les responsabilités pénales, les conséquences judiciaires.

Cette éducation juridique aurait un double effet : d'abord, elle apporterait la connaissance nécessaire aux mineurs pour apprécier ce qui est interdit et sanctionné ; ensuite, elle créerait un lien régulier entre les forces de l'ordre et la jeunesse, humanisant la relation police-citoyens dès le plus jeune âge.

92. Prévention dans les communes

État des lieux

Localement, les citoyens français ne bénéficient d'aucune information dispensée sur leurs droits et devoirs. La maxime « Nul n'est censé ignorer la loi. » reste à l'état de fiction face à la complexité croissante de notre droit en général et pénal en particulier.

Résolution

A l'instar des mineurs, les majeurs doivent bénéficier, au niveau local, d'informations juridiques. Pour remédier à cette carence, chaque commune doit mettre en place trois séances annuelles de vulgarisation juridique sous forme de réunions publiques animées par des professionnels du droit, des policiers, des magistrats. Ces séances concourraient à expliquer l'état du droit en matière pénale, mais également des cas concrets : procédures, incivilités, violences domestiques, délits routiers, escroqueries…

93. Développement de l'information juridique

État des lieux

Alors que le budget du ministère de la Justice 2024 dépasse les dix milliards, la somme allouée à l'information juridique des citoyens reste symbolique, voire inexistante. Prenons comme exemple, la chaîne YouTube du ministère de la Justice : alors qu'elle peut être le lieu d'une importante transmission des règles de droit, celle-ci contient moins de trois cents vidéos et aucune sur le droit et son application…

Une fois de plus, un esprit grincheux pourrait penser que l'État veut maintenir ses citoyens dans l'ignorance.

Résolution

La modernisation de l'information juridique est indispensable pour garantir un réel élan positif envers la Justice. L'État doit utiliser tous les moyens technologiques disponibles pour remplir cette mission et réduire la fracture entre la Justice et les citoyens, car ceux-ci ne peuvent pas exercer pleinement leurs droits, s'ils ne les connaissent pas. Le site actuel du ministère de la Justice, trop austère et illisible, doit s'enrichir d'un véritable écosystème numérique moderne de diffusion juridique, en proposant des contenus adaptés et véhiculés par des outils pédagogiques variés : assistance IA, vidéos explicatives, guides interactifs, applications mobiles, simulateurs pratiques, questionnaires…

94. Publication des chiffres de la criminalité

État des lieux

Les statistiques officielles de la criminalité en France souffrent d'un manque crucial de transparence et de fiabilité : les chiffres sont publiés avec plusieurs mois de retard et selon une méthodologie confuse qui change fréquemment au gré des orientations politiques. Cette présentation parcellaire exclut des données essentielles, comme le nombre réel de plaintes déposées, le taux de classement sans suite, les mains courantes, le chiffre noir de la délinquance non déclarée ; en outre, certaines catégories d'infractions sont arbitrairement regroupées, séparées ou oubliées pour minimiser des phénomènes criminels. Ces manipulations de chiffres, couplées à l'absence de données territorialisées précises, créent une image tronquée de la réalité criminelle du pays, empêchant toute analyse sérieuse de l'évolution de la délinquance et de l'efficacité des politiques pénales.

Résolution

Pour éviter la situation catastrophique que l'on connaît actuellement et pour suivre au plus près l'évolution de la délinquance en France, chaque trimestre, le ministère de la Justice doit publier sur son site des statistiques standardisées de la criminalité pour chaque département.

Cette publication inclurait systématiquement toutes les infractions (contravention, délit, crime), tous les profils d'auteurs (mineur, majeur, homme, femme, bande organisée…), les catégories d'actes (violence, stupéfiant, délit économique...), ainsi que l'ensemble des suites judiciaires (classement sans suite, poursuite, condamnation…). Des formules de calcul identiques sur tout le territoire permettraient des comparaisons fiables, offrant enfin une vision objective et non politisée de la réalité criminelle en France.

Conclusion

Notre Justice française traverse depuis un demi-siècle une période tumultueuse, secouée par des défis sans précédent qui menacent ses fondements mêmes. Les tribunaux engorgés, le manque de moyens et la défiance grandissante des citoyens témoignent d'un système au bord de la rupture.

Pourtant, ne soyons pas pessimistes car c'est précisément dans ces moments d'adversité que naissent les plus grandes transformations. Les initiatives citoyennes fleurissent, portées par un mouvement engagé qui refuse la dégradation imposée par certains. L'espoir réside dans cette prise de conscience collective : notre Justice est un bien commun qui mérite d'être défendu et réinventé. Demain se dessine une Justice renouvelée, plus proche des citoyens, plus réactive et plus protectrice. Cette renaissance n'est pas une utopie, mais une réalité en pré-construction qui nous invite tous à participer à l'édification d'un idéal de Justice qui a toujours nourri notre République.

Informations complémentaires

Pour compléter la lecture de ce livre, je vous renvoie vers deux associations qui militent pour la réforme de notre droit pénal en faveur des victimes :

- l'association Défense des Victimes des Professionnels du Droit (DVPD)
Compte X : DVPD ASSO
Email : dvpdasso@gmail.com

- l'Institut Pour la Justice (IPJ), qui défend une justice plus protectrice des citoyens et équitable envers les victimes. Soutenue par 1,5 million de sympathisants et 70 000 donateurs (chiffres d'août 2012), elle réunit des experts en droit et criminologie qui développent des propositions de réformes innovantes.
https://www.institutpourlajustice.org/

Table des matières

Ce livre a été imprimé en France

Dépôt légal : Avril 2025

* 1583012-2253884 * 50